NOTES INTIMES ET TABLETTES FAMILIALES

D'UN

JEUNE VICAIRE DE PARIS

*Cœurs pieux, aimants et purs,
prenez et lisez : Ces simples épan-
chements ont été recueillis et con-
servés pour vous; non par leur
auteur qui n'eût jamais songé ni
consenti à les faire publier; mais
par un ami chrétien qu'ils ont
consolé et qui vous les transmet
pour qu'ils vous consolent aussi.*

NOTES INTIMES

ET

Tablettes Familiales

D'UN

Jeune Vicaire de Paris

de 1854 à 1877.

Souffrir et compatir.

PARIS

IMPRIMERIE SALÉSIENNE (Œuvre de Don Bosco)

DIRECTEUR : L'ABBÉ J. RONCHAIL.

28, Rue Boyer. (Ménilmontant)

1894

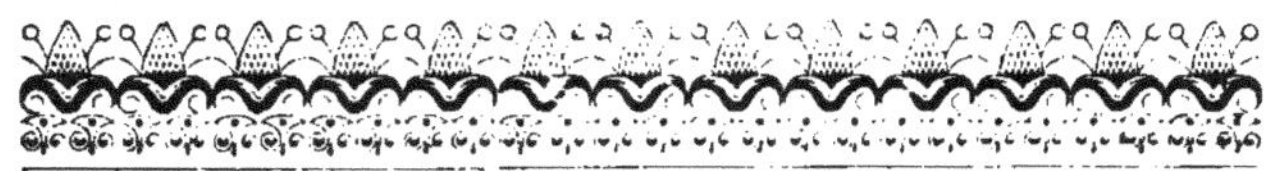

1854

Mai, Juin, Juillet, Aout, séjour
à S..., — vie uniforme.

1er Dimanche de Septembre.

Je prêche et j'administre pour la première fois le Sacrement de Baptême. —
Le premier petit chrétien que j'ai le bonheur de donner à l'Eglise porte les noms
de Pierre, Paul Jourdan, de M...

18 Septembre.

Albin nous écrit pour nous annoncer
la mort de son père, notre oncle R***

— I —

1854

17 Novembre.

Départ pour Paris où j'ai été nommé vicaire à la paroisse de Saint-Augustin.

19 Novembre.

Arrivée à Paris avec mon frère Emile. — Hôtel Saint-Sulpice. — M. Boiteux vient nous y trouver. — Visite au curé de ma paroisse M. Bourgoing.

20 Novembre.

Installation au presbytère. Première semaine à Saint-Augustin. — J'entre en relations avec M. Frappaz, premier vicaire; M. Léré, deuxième vicaire; M. Malzar, troisième vicaire; M. de Cuttoli que j'avais connu au Séminaire. MM. Lusso, Fabricatore, Cassini, prêtres habitués. — M. Filocamo, M. Nas, autres prêtres habitués.

22 Novembre.

Me voici donc installé dans mon nouveau domicile en qualité de vicaire de Saint-Augustin. Monseigneur et M. Dedoue nous avaient fait, hier, le meilleur accueil, à Emile et à moi. M. le Curé de Saint-Augustin m'a reçu, à son tour avec une grande bonté. Il m'aide en personne à m'installer au presbytère. Mon appartement est au second et dernier étage. Il se compose de deux petites pièces précédées d'une antichambre. C'est moi qui dois les meubler, en sorte qu'il a fallu tout acheter, depuis le lit jusqu'aux petits rideaux des fenêtres... M. de Cuttoli est pour moi comme un frère.

Le travail ne me manquera pas à Saint-Augustin. Il me semble qu'un prêtre ne peut pas désirer autre chose. Le mot de Notre-Seigneur est toujours vrai: *La moisson est grande, mais le nombre des ouvriers est petit.*

Nous sommes ici en communauté de vie M. le Curé, M. de Cuttoli, un autre prêtre et moi. Les autres vicaires ont leur ménage à part.

1854

26 Novembre.

Trois jours de maladie.

Décembre.

Vie régulière: Messe à 6 heures.
Catéchismes: le Dimanche à 1 h. 1/2
persévérance; le Mardi à 10 h. 1/2 petits
enfants; le Jeudi à 8 h. 1/2 première
communion, et à 3 h. 1/2 première communion (des filles.)

24 Décembre.

Je suis si occupé que je n'ai pas eu le
temps d'écrire à mon bon père. La fête
de Noël qui s'approche contribue à augmenter notre travail. Mais c'est un travail plein de consolation. Ce matin, j'ai
eu le bonheur de distribuer la sainte
Communion à un grand nombre de personnes parmi lesquelles se trouvaient
30 jeunes gens de l'Institution dont je
suis chargé. Après la messe j'ai dû

prêcher, pour la sixième fois depuis dimanche dernier.

Un prêtre m'écrit de Rome que mes paroissiens ont la réputation de païens et de sauvages. Ils sont, du moins, pour la plupart, indifférents. M. le Curé de Saint-Augustin est cependant plein de zèle et de charité; il se sacrifie, corps et biens, pour sa paroisse. Beau modèle, exemple vivant qu'il nous faut imiter !

Mon cher Emile doit venir ce soir. Nous parlerons ensemble des fêtes de Noël passées à la maison paternelle, de la table de famille où nous nous réunissions si joyeusement. Nous répéterons les airs de la pauvre tante Angèle en nous unissant de cœur à nos parents bien-aimés.

Marcel a voulu m'emmener chez Madame M***. Cette bonne personne m'a accueilli avec de grandes démonstrations d'amitié. Elle prétend que le jour de ma naissance, elle a prédit à mes parents après m'avoir bien regardé: « que de

cette bouche en arc sortiraient des flèches. » Est-ce qu'en effet mes paroles
ressembleraient à des traits méchants?...
Ne le permettez pas, ô mon Dieu !

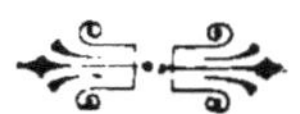

1855

9 Janvier.

J'ai écrit aujourd'hui à mon bon père (qui me demandait de lui dire bien franchement comment je me portais,) que malgré un travail opiniâtre, ma santé se soutenait assez bien. Que Dieu en soit béni !... Car, encore ce soir, j'ai à faire une conférence à des jeunes gens de 18 ans. Avant hier j'étais chargé du prône et déjà, dimanche dernier, j'avais prêché à la grand'messe. Aussi je supplie mes chers parents de m'obtenir, par leurs prières incessantes, les forces et les lumières dont j'ai besoin.

Mercredi des Cendres.

Nous voici arrivés au Carême. On vient de nous imposer les cendres. Et, à l'heure actuelle, une voix éloquente rappelle aux fidèles de Saint-Augustin le néant de leur origine et la fin prochaine de leurs mortelles destinées. J'ai bien besoin de me pénétrer de ces grandes vérités : comment les faire goûter aux autres quand soi-même on n'y croit pas assez profondément?...

M. le Curé de Saint-Augustin nous tient constamment en haleine. Il m'a chargé de faire avec M. de Cuttoli, tous les matins, à 6 heures, la prière publique et la méditation ; j'ai commencé aujourd'hui. Tous les samedis, le soir à 8 heures je dois en outre faire une instruction sur la sainte Eucharistie.

9 Mars.

Nous avons, en ce moment, beaucoup de malades sur la paroisse. J'ai éprouvé

la consolation de voir ces jours derniers un pauvre ouvrier, ancien militaire,
d'une bonne famille, se convertir de
tout son cœur. Il se confessa et je lui
portai, mardi matin, la sainte Communion. Touchante cérémonie ! Le malade
que j'assistais ressemblait à saint Jérôme
tel qu'il est représenté dans le beau
tableau que j'ai admiré en visitant les
salles du Vatican, à Rome; front chauve,
illuminé par la foi et l'espérance chré-
tiénne ; longue barbe noire qui faisait
ressortir la pâleur de ce visage amaigri ;
mains jointes ; attente calme et respec-
tueuse du Dieu qui daigne visiter l'infir-
me sur son lit de douleurs....Je lui don-
nai la sainte Communion, et quand je
quittai cette pauvre demeure, je sentais
des larmes dans mes yeux ; et, dans
mon cœur, quelque chose du ciel...

Voici bientôt un an que, par amour
pour moi, mon bon père entreprit ce
grand voyage d'Italie. Quelle surprise
ne fut pas la mienne en le voyant entrer

dans ma chambre! Et puis, ces 25 jours passés à Rome, notre voiture versée, la mer et ses fureurs, la terre et ses périls, tout cela me revient à l'esprit, et je me sens pénétré de reconnaissance pour ce pauvre père qui s'est exposé à tant de fatigues et de dangers. Comme je voudrais pouvoir le lui dire de vive voix et le presser, en ce moment, sur mon cœur! Je me dédommagerai, ce soir, de ne pouvoir le faire, en priant pour lui aux pieds de Notre-Seigneur Jésus-Christ.

17 Mars.
Samedi.

A cinq heures du soir, une Sœur de Charité vient m'appeler pour aller baptiser, une enfant malade, rue de la Bienfaisance N° 5. Je la suis aussitôt, accompagné de Georges. Nous arrivons bientôt dans une modeste chambre où je vois la pauvre enfant couchée sur son lit de douleurs ; cette enfant, si elle meurt de l'angine dont elle est atteinte, sera la troisième que ses parents auront perdue depuis 8 jours, aussi se tiennent-ils, tout en larmes, au pied de son lit. Je m'approche de la malade, mais elle n'entend pas le français. Je m'adresse au père et je lui demande s'il désire que j'administre le baptême et les sacrements de l'Eglise catholique à sa petite fille, si la mère de celle-ci (qui est anglaise et protestante) y consent? Oui, me dit-il, je ne veux pas qu'elle meure sans la bénédiction du prêtre ! Chose singulière, ou plutôt, merveilleux effet de la Providence du bon Dieu !... Cet homme qui me parlait ainsi n'était plus catholique, il avait abandonné la religion de son enfance pour se faire protestant. Et, cependant, il voulait que sa fille mourût dans le sein de la véritable Eglise.

— Eh bien ! mon enfant, (dis-je à la petite malade, par l'intermédiaire du père dont les sanglots entrecoupaient la voix), voulez-vous être baptisée et croyez-vous en un seul Dieu et aux trois personnes de la Sainte-Trinité, au Père, au Fils et au Saint-Esprit ?

— Oui, répondit-elle sans hésitation.

— Aimez-vous bien de tout votre cœur le bon Dieu et lui demandez-vous pardon de vos péchés ?

— Oh ! de tout mon cœur !... et ce disant, la pauvre petite joignait ses mains et les élevait, en même temps que ses yeux, vers le ciel : Oui, je l'aime de tout mon cœur, et ce que je désire, c'est de quitter la terre pour aller avec Jésus ! (*textuel*).

Ces paroles faisaient couler plus abondantes les larmes de la mère et du père désolés. Pour moi, je me hâte de verser sur son front brûlant l'eau qui régénère son âme; je lui donne l'absolution, parce qu'elle a déja reçu le baptême protestant, et je me dispose à lui administrer l'Extrême-Onction. Mais ici la mère fait des difficultés. Je prie alors le père de lui dire que cette cérémonie est recommandée par l'apôtre saint Jacques. A peine lui a-t-il rappelé les paroles sacrées, qu'elle consent. Mais quelle scène ! il me semble voir encore cette pauvre mère, toute baignée de ses larmes, presser entre ses mains et coller sur sa bouche la main brûlante de son enfant; le père mêler ses sanglots et ses cris de douleur aux sanglots de sa femme, tandis que la pauvre petite fille, ou plutôt le cher petit ange ne cessait de leur répéter : Ne pleurez pas ; je vais dans un monde meilleur, je vais au ciel vers Jésus... et elle regardait le ciel et tendait vers lui ses mains jointes. La Sœur de charité répondait à mes oraisons; la mère priait avec une ferveur dont jamais, je crois, je n'ai été témoin. Quand les onctions et les prières furent terminées, je lui appliquai l'indulgence plénière. J'eus beaucoup de peine à m'éloigner de ce lit de douleur. Le père et la mère, à genoux, ne pouvaient arrêter leurs sanglots. J'avais le cœur ému et je

sentais mes yeux se mouiller de larmes.
« Vous reviendrez nous voir demain,
n'est-ce pas, Monsieur l'abbé, me dit le
père. — Oh ! venez! ajouta la mère, cela
me fera du bien ; » et tous les deux me
pressaient les mains. Je le leur promis...

18 Mars
Dimanche.

Je retourne voir mes pauvres affligés.
Je trouve chez eux deux Sœurs de
Charité. L'enfant semble aller un peu
mieux. Près d'elle sont de petites
images de la sainte Vierge et un crucifix. Le père est au lit, il souffre de la
goutte. Il pense que catholiques et pro-
testants valent autant les uns que les
autres, puisqu'ils croient également en
Jésus-Christ. Seulement il ne peut ad-
mettre la nécessité de se confesser ;
« Vous, me disait-il, vous auriez le pouvoir de m'absoudre de tant de péchés
que j'ai commis?... oh! je ne le crois
pas! Dieu seul le peut. C'est à lui seul,

par conséquent, qu'il faut se confesser; mais revenez, ajouta-t-il quand il me vit prêt à partir, revenez, j'ai beaucoup de plaisir à vous voir et à converser avec vous. »

Mon Dieu! éclairez et convertissez cette pauvre âme! éclairez et convertissez sa malheureuse compagne: elle paraît si bonne! j'admirais surtout la ferveur de sa piété et de sa foi, la veille, quand elle prit ma croix, regarda le ciel, l'embrassa cette croix qu'elle inondait de ses larmes et la fit baiser à sa fille... Pauvre mère! que le bon Dieu ait pitié d'elle!...

19 Mars

Lundi 8 heures du soir.

Je vais savoir des nouvelles de la petite malade. Elle dort, mais son gosier est bien enflé, sa respiration bien gênée; le père dort aussi: la mère seule est debout. Elle veillera toute la nuit. « Monsieur l'abbé, me dit-elle, faites une prière pour ma chérie!... »

Je me mets à genoux et nous prions en silence.

— A demain, Monsieur l'abbé!

— A demain! ayez confiance.

25 Mars.

L'enfant est morte, ce matin, à 7 heures. J'étais allé la voir tous les jours. Pauvres parents!... que le bon Dieu ait pitié d'eux et les convertisse!...

20 Aout.

Je viens de louer un petit appartement que je pourrai occuper à partir du 15 Octobre. Nous serons donc enfin réunis, mes frères et moi. M. de Cuttoli a renoncé à partager notre fortune. Mais sa bonne nous est restée. Elle parait être une fille très honnête et très pieuse et a dépassé l'âge canonique. Si ma chère maman vient à Paris cet hiver, nous aurons le bonheur de la recevoir, et elle aura la joie de se trouver au milieu de ses enfants chéris.

J'apprends que ma bonne Eugénie a été satisfaite de la musique que je lui ai envoyée. Elle saura bien l'interpréter sur son piano. Malheureusement, je n'aurai pas ici ce bel instrutment à lui offrir, ne possédant qu'un pauvre petit orgue sur lequel je me délasse en chantant les tons des psaumes, quand je suis trop fatigué de lire, d'écrire, de prier et d'étudier, de prêcher et de confesser...

28 Aout.

J'avais commencé hier une lettre pour mon père, les nombreuses occupations du dimanche qui est mon jour de garde ne m'ont pas permis de l'achever. Ce matin, j'ai dû assister à des fêtes données en l'honneur de Monsieur le Curé qui s'appelle Augustin, et à une grande distribution de prix.

J'ai reçu la visite de Numa et de son frère. Je regrette que celui-ci aille si loin chercher fortune. Sa pauvre mère doit être bien triste !... Quelques jours auparavant on m'avait donné une médaille d'argent de l'Immaculée Conception. Ne sachant qu'offrir en souvenir au cher Auguste, je lui ai remis cette médaille qui vient de Rome et que le Pape a bénie lui-même. Puisse-t-elle lui porter, toujours, paix et bonheur !

Emile va partir pour S.... Heureux frère !... il pourra rompre encore un peu le pain de la famille ; je l'accompagnerai de cœur, le devoir me retenant au sein d'une autre famille bien grande et bien intéressante, parce qu'elle est chrétienne et qu'elle est pauvre. Notre paroisse se compose de quelques quartiers riches. Mais, à côté d'eux, se trouve une immense population d'ouvriers, la plupart dénués de toute instruction religieuse. Ce sont ceux-là que nous voudrions, surtout, fréquenter et aider. La difficulté est de les

atteindre. Aussi l'œuvre de Dieu se fait-
elle bien doucement. Que la Providence
nous fournisse les moyens de convertir
et de soulager ces pauvres ouvriers, ces
malheureuses mères de famille qui nous
entourent ! Quel bonheur si nous pouvions les décider à se réconcilier avec
Dieu et à pratiquer leurs devoirs ! Pour
cela, il faut prier sans relâche, leur faire
le plus de bien possible, leur montrer
que nous les aimons... tâche quelquefois
pénible, mais qui doit néammoins nous
être bien chère, parce qu'ils sont nos
frères et que c'est Dieu qui nous récom-
pensera.

Ce soir nous assisterons encore à une
distribution de prix aux adultes, c'est-à-
dire à des ouvriers qui viennent, après
les travaux de la journée, s'asseoir, éco-
liers volontaires, sur les bancs des clas-
ses des Frères. L'autorité municipale est
invitée. Je pense que Monsieur le Curé
parlera. Les hourras ne feront pas défaut.
Tous les Français aiment les louanges

et les honneurs, les ouvriers surtout. Une couronne est, pour eux, un **triomphe.** Je voudrais seulement joindre celles du ciel aux belles couronnes qu'ils remporteront ce soir.

24 Septembre.

J'écris aujourd'hui à mon père que depuis l'arrivée de mon oncle et de ma tante à Paris, je n'ai pas eu un moment pour ma correspondance. Un jour c'était un voyage à Versailles, un autre jour une visite aux églises de Paris, ou bien une course au jardin des Plantes et aux Gobelins, ou bien encore une promenade au Luxembourg, ou aux Invalides... Puis mes occupations sacerdotales : préparations de prônes, baptêmes, visites aux malades, etc. Bref, aujourd'hui seulement, jeudi, jour de garde, je puis donner signe de vie à mes bien-aimés parents, et les mettre un peu au courant de mes préoccupations pour mon emménagement; quoique, à vrai dire, j'ai vécu jusqu'ici au jour le jour, exempt d'inquiétudes pour ce qui me concerne, mais non pour ce qui regarde les intérêts spirituels des 20.000 âmes qui forment notre paroisse. Oh! comment ne pas oublier nos pauvres petites affaires particulières au milieu des sollicitudes ardentes que nous occasionne le salut de cette multitude d'âmes ?

Les vacances qui me seront accordées devant être très courtes, je n'espère pas aller voir mes chers parents. J'emploierai mon temps de congé à préparer tout ce qu'il faudra pour recevoir mes frères puisque, grâce à Dieu, nous allons vivre ensemble de la vie de famille. Et, s'il m'est permis de m'absenter quelques heures, je me souviendrai que M. Pillon m'attend à Beauvais, M. Deslais au Mans; enfin que M. de Cuttoli m'a invité à l'accompagner chez un brave habitant de Corbeil, son ami, qui a bien voulu mettre à sa disposition sa vigne, ses chambres, sa cuisine et sa domestique...

Mon oncle compte partir demain et ma bonne tante veut m'offrir un calice. De mon côté, je serai heureux d'envoyer quelque chose à mon père, à maman et à ma chère Eugénie. Il me semble que je puis me permettre cela sans faire tort aux pauvres. Car j'emploierai à l'acquisition de mes petits cadeaux le montant des économies que je tenais en réserve pour payer mon voyage à S... Et ce sera un moyen de leur prouver que si le devoir sacerdotal m'attache ici, je n'oublie pas pour cela les obligations que m'impose la reconnaissance envers mes parents chéris.

7 Octobre.

Le bon M. Boiteux est décidément plus malade. Voilà 8 grands jours qu'il est au lit. Il m'a cependant affirmé hier, quand j'ai été le voir, qu'il se sentait mieux. Je supplie le bon Dieu de rendre la santé à cet excellent prêtre qui rem-

plit, véritablement, à mon égard et à celui
de mes frères le rôle d'un second père.

De plus en plus, je reconnais que
M. le Curé de Saint-Augustin est infatigable dans ses désirs. Il ne comprend pas
que nous demander tant de sermons à
nous qui sommes si jeunes, c'est nous
imposer un labeur parfois bien rude...
Mais puiqu'il le veut ainsi, nous n'avons
qu'à obéir. Et, grâce à Dieu, malgré
mon peu de préparation, mes craintes
et mon mal de tête, fruit de plusieurs
heures de confession, j'ai pu encore finir
honorablement mon instruction aujour-
d'hui. Que la Providence en soit bénie
mille fois !

9 NOVEMBRE.

Il y a un an, à pareille date, Mgr
l'Evêque de Digne, m'écrivait une lettre
dont j'ai été bien touché. J'éprouve un
vrai plaisir à la transcrire fidèlement
dans mon cahier pour en conserver plus
sûrement le doux souvenir :

Lettre de Mgr Meirieux.

(ancien vicaire général de Mgr Sibour)

✝

ÉVÊCHÉ
de
DIGNE.

Digne, 9 Novembre, 1854.

Mon cher Abbé,

Vous voilà donc sur le point de retourner à Paris. Que le bon Dieu vous y accompagne et vous protège toujours. Je ne vois pas ce départ sans quelque regret. *Si les dons de Dieu sont sans repentance,* il n'en est pas de même de celui que j'ai fait. Vivez de Dieu, vivez de foi, nourrissez-vous de piété. Le sentiment vous dit aujourd'hui, et l'expérience vous apprendra plus tard qu'il n'est pas d'autre vie supportable que celle-là. Je vous bénis, mon cher ami, vous et toute votre famille avec effusion de cœur; à une condition toutefois : que vous penserez devant Dieu à votre Evêque de Digne; car je veux rester un peu votre Evêque, ne serait-ce que par l'affection que je vous porte et par les vœux que je forme pour le succès de votre ministère.

Agréez, mon cher ami, l'assurance de mes biens affectueux sentiments.

    ✝ JULIEN, évêque de Digne.

NOVEMBRE.

Mon ancien élève de Rome, Henri Noirot m'écrit une touchante lettre dans laquelle il m'annonce, en termes émus, la perte qu'il a faite pendant ces vacances. Sa pauvre mère est morte !

« Oui Monsieur, (ce sont ses propres expressions) cette bonne et tendre mère, si bonne, si douce, si pieuse, si bien faite pour me donner une instruction tout à la fois religieuse et scientifique, cette bonne mère nous a quittés le 25 Septembre 1855. Que ce malheur est grand, qu'il est cruel ! Et moi, moi, son Henri qu'elle aimait tant, moi, pendant que ma mère se mourait, pendant qu'elle était à l'agonie, je me livrais sans réserve à la joie et au plaisir. Ce n'est en effet, que le lendemain, lorsque déjà ma pauvre mère était descendue dans la tombe que l'on m'a appris, ou plutôt que j'ai deviné en voyant l'embarras et la tristesse de tous ceux qui m'entouraient, ce n'est que le lendemain que j'ai su que je n'avais plus de mère !... »

Henri ajoute qu'il se trouve toujours bien au Collège Catholique, « mais je regrette, (écrit-il à la fin de sa lettre,) je regrette bien cet heureux temps passé à Rome, où il faisait si bon et où j'ai eu l'honneur et le bonheur de vous connaître. »

Mon pauvre Henri ! moi aussi je regrette le temps où je lui donnais des leçons, tout en me préparant à recevoir les saints Ordres... J'espérais alors, en me faisant prêtre, pouvoir travailler plus sûrement au salut des âmes: hélas! qu'est-ce que je fais pour sanctifier, d'abord, la mienne ?...

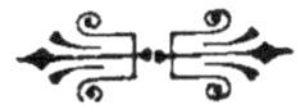

1856

Nous voici définitivement installés
Joseph et moi, à l'Archevêché. C'est hier
que nous avons commencé à vivre en
commun avec M. l'abbé Lagarde. Les
deux jours précédents qui avaient été
employés à nous emménager j'avais
déjeuné et diné chez Monseigneur. Ce
saintArchevêque est plein de bonté pour
mes frères et pour moi. Il veut que je ne
travaille pas trop, que je me lève tard,
et que je mange bien. Je demeure, à l'Archevêché, à côté de M. Dedoue, dans une
vaste chambre d'où je domine la place
des Invalides et d'où mes regards plon-

gent jusqu'aux bois de Meudon et de Clamart. Joseph a aussi une belle chambre. Nous ne sommes séparés que par la salle à manger. Cet appartement était celui de M. Coquand, secrétaire général de l'Archevêché. Monseigneur me le fait occuper, en attendant que nous puissions avoir celui qu'il nous destine.

Ce soir nous irons tirer le gâteau des Rois chez M. le Curé de Saint-Augustin. Serai-je roi ?... Je n'en sais rien encore !... Mais ce que je sais bien c'est que, mes frères et moi, nous ne manquerons pas de boire à la santé de mes bien-aimés parents et à la réussite de leurs projets. Que d'années hélas ! se sont écoulées déjà sans que j'ai eu le bonheur de célébrer ces belles fêtes avec eux !...

29 Février.

Mgr l'évêque de Digne, Mgr l'évêque de Fréjus, M. Gamel, M. Alphonse,

M. le nouveau Curé de la Motte sont partis, le lendemain soir du sacre, avec une telle hâte que j'ai pu, à peine, leur faire mes adieux...

J'écris à mon père et je lui envoie les livres classiques qu'il m'a demandés pour Hippolyte. Je voudrais que ce cher enfant fût capable de bien lire Virgile et de traduire passablement Horace et qu'il en vînt à ne pas trouver plus de difficulté à cette lecture qu'à celle des auteurs français. J'appelle aussi l'attention de mon père sur la nécessité, pour mes chers petits amis Hippolyte et Paul, de bien soigner leur écriture. On ne croit pas assez combien cela est important. Faute d'une belle écriture, plus d'une carrière a été manquée.

M. Dedouc est sur le point de partir pour Rome où il doit rester 3 ou 4 mois. Je lui recommanderai de ne pas nous oublier au pied de la confession de Saint-Pierre, et, près de la sainte et miraculeuse Madone de Saint-Augustin.

1855

14 Avril.

Hier fut un jour bien triste pour notre
chère cousine S***. Elle dut se séparer
de son petit Eugène que son père et
Joseph emmenèrent tout sanglotant à
la pension d'Auteuil, tandis que, ne sachant quelles paroles trouver pour la
consoler, je restais avec cette pauvre
mère. En partant ce matin pour le Hâvre
où ils devaient s'embarquer à destina-
tion de Southampton, M. et Mme S***
m'ont encore bien recommandé leur cher
enfant. Dieu veuille qu'ils le retrouvent
en bonne santé, vertueux et savant lorsqu'ils reviendront en France !

La semaine qui vient de s'écouler a
été assez douloureuse pour moi. J'ai
souffert plus que de coutume. Le changement de saison et la variabilité extrême du temps en sont probablement la
cause...

24 Avril.

La tournée pastorale de Monseigneur l'Archevêque a commencé aujourd'hui. Messieurs les Grands Vicaires et Messieurs les Secrétaires doivent tour à tour accompagner sa Grandeur pendant les trois mois environ qu'elle dure. Ce matin, Monseigneur a donné la Confirmation aux élèves du lycée Louis-le-Grand et de l'institution Sainte-Barbe. Tout à l'heure, il va partir pour confirmer les enfants de Saint-Eugène. C'est l'un de Messieurs les Archidiacres et moi qui l'accompagnons. Les séances sont assez longues; elles doivent même devenir fatigantes pour Monseigneur qui, zélé comme il l'est, ne peut se lasser d'adresser sa parole vive et sympathique à ses enfants bien-aimés. La cérémonie du lycée Louis-le-Grand a été très touchante. Près de 80 enfants ont fait leur première Communion; autant la renouvelaient. Parents et maîtres, élèves plus anciens et plus jeunes, tous étaient là, émus à l'aspect de l'innocent spectacle qu'ils avaient sous les yeux. Monseigneur a bien parlé. Les enfants ont reçu ensuite de ses mains le Sacrement de Confirmation. Après la cérémonie, Monseigneur a couronné leurs vœux en leur accordant un jour de congé pour eux, et une amnistie pleine et entière pour leurs camarades en défaut. Aussi la journée a été belle aujourd'hui au lycée Louis-le-Grand. Les enfants nous ont acclamés avec enthousiasme, et nous nous sommes remis en marche pour l'Institution Sainte-Barbe aux cris répétés de *" Vive Monseigneur ! Vive Monseigneur ! "*

Je n'ai pas oublié que mon petit Paul faisait aussi sa première Communion à S... J'ai dit la messe à son intention et j'offre au bon Dieu la récitation de mon bréviaire pour qu'il lui accorde la grâce d'accomplir saintement une si grande action.

3

Emile passe trois ou quatre jours à la campagne. Il fait comme les petits oiseaux. Avant de prendre définitivement son essor, il voltige tout doucement autour de Paris, il s'ébat dans les bosquets nouvellement feuillés du superbe parc de Meudon. Heureux frère ! les bois, les prairies et les champs vont devenir pour six mois le théatre de ses exploits. Quant à nous, condamnés à languir tristement dans les chaînes d'une prison archiépiscopale et ministérielle, nous ne respirons que l'air insipide d'un prosaïque bureau. Notre ciel, c'est un plafond jauni par le temps, notre soleil l'étoile polaire, notre verdure et notre amusement un affreux plancher et un grimoire détestable. Mais Joseph et moi nous avons cependant trop de raison pour nous plaindre, encore moins pour porter envie à son sort. Au travail succédera aussi un jour le repos. Joseph ira revoir le doux pays des Alpes. Les fontaines et les bocages de Belleau s'apprêtent pour recevoir Monseigneur. Il faut bien croire qu'ils ne refuseront pas l'hospitalité à ses pauvres secrétaires. Mais j'espère qu'ils ne seront pas assez enchanteurs pour y retenir constamment leurs pas. Monseigneur lui-même serait inhumain s'il nous refusait d'aller jouir au moins quelques instants de la patrie, de la famille aimée.

7 Mai.

Mon père vient de m'écrire une bien bonne lettre à l'occasion de la Première Communion de Paul. Je suis au comble de la joie de savoir que ce beau jour a rempli la maison du bonheur du ciel. Nous nous sommes unis tous les trois à la félicité de notre cher petit frère, et nous avons lu avec émotion les pieuses et affectueuses lignes qu'il nous a écrites. Je vais m'empresser de lui répondre ainsi que je lui avais promis.

Le jour de l'Ascension et le lendemain

j'ai célébré le saint Sacrifice à l'intention de nos chers parents, pour remercier le bon Dieu de ses grâces et le prier de nous accorder celle de la persévéranee. Ce même jour de l'Ascension j'ai prêché dans une église des environs de Paris, chez un de mes anciens condisciples du séminaire. Après avoir officié et prêché le matin, j'ai dû encore, pour me rendre à ses vœux, faire solennellement l'ouverture du mois de Marie.

Dimanche dernier j'avais assisté à une belle réunion des enfants et des fidèles du faubourg Saint-Antoine dans une chapelle des Sœurs de saint Vincent de Paul. On y a chanté de délicieux cantiques en l'honneur de Marie. Ensuite je leur ai adressé un petit sermon d'une demi-heure et j'ai donné le Salut du Saint Sacrement. Monseigneur l'Archevêque désire que nous acceptions ces invitations de nos confrères. C'est un moyen, dit-il, que le bon Dieu nous offre de nous édifier d'abord, et ensuite d'édifier les autres en nous exerçant à la prédication évangélique. Ces petites instructions rendent aussi service à nos confrères en sorte que nous accomplissons, à leur égard, le devoir de la charité. Dimanche prochain, jour de la Pentecôte, je suis attendu pour prêcher de nouveau. Le Curé de Bonneuil m'a invité hier pour la Trinité ; celui de Saint-Augustin pour l'un des Dimanches de la Fête-Dieu.

Je dois retrouver ce soir Joseph chez M. l'abbé Perretti qui nous a invités à dîner avec Emile. Cet abbé est vicaire à Saint-Augustin. Nous verrons probablement chez lui Monsieur le curé de cette paroisse qui a conservé beaucoup d'attachement pour M. de Cuttoli et pour moi. Mais Monseigneur, lui aussi, veut bien nous aimer comme un père. Tout à l'heure, en revenant de l'église Saint-Jacques, il m'a pressé la main avec affection et, après m'avoir demandé des nouvelles de mes chers parents.

1856

il m'a chargé de leur dire que son cœur
leur était toujours tendrement dévoué.

Il a ajouté qu'il voulait leur envoyer
dans quelque temps son portrait avec
un mot de sa main.

10 Juin.

Le Cardinal légat est arrivé. Aujour-
d'hui, à 3 heures, Son Eminence ira à
Sainte-Geneviève rendre grâce à Dieu
de son heureux voyage. Monseigneur
l'Archevêque, entouré de son Clergé,
lui fera une réception très solennelle.
Samedi prochain est le jour fixé pour le
baptème du Prince. J'ai une carte d'entrée, mais je n'ai pu en avoir qu'une,
encore cette carte est-elle personnelle.
La cérémonie sera magnifique. La plupart des Evêques de France y assis-
teront. Monseigneur de Digne s'y rendra
accompagné de M. Dedoue.

17 Juin.

M. Dedoue est ici. Il paraît décidé,

— 38 —

m'a-t-on dit, à quitter définitivement l'Archevêché. Son intention serait de se retirer avec sa tante et son oncle près de Notre-Dame dont il est chanoine. Mais cela ne l'empêchera pas de venir nous voir souvent.

Ce soir, Monseigneur dîne à Saint-Cloud, chez l'Empereur, avec le légat du Pape et un certain nombre de hauts personnages. Demain Sa Grandeur recevra à son tour, le légat, le nonce, plusieurs ministres et une quantité d'Evêques. Il a bien voulu m'inviter au dîner...

4 Juillet.

La longue tournée pastorale de Monseigneur s'est enfin terminée cette semaine. Il compte partir pour Belleau dimanche soir et emmène avec lui l'abbé de Cuttoli. J'irai le rejoindre à la fin du mois d'Août. D'ici là nous resterons donc ici, M. Lagarde et moi, pour travailler au secrétariat. Je m'en réjouis parce que cela me permettra de continuer mes instructions aux élèves de Saint-Maur dont m'a chargé Monseigneur. Le 24 Juin, j'ai eu le bonheur de leur faire faire leur première communion après avoir prêché moi-même la retraite à ces chers petits enfants.

Je suis heureux de savoir que ma bonne sœur Elise vient de faire aussi sa première Communion. Et j'espère qu'elle aura eu à la Sainte Table un petit souvenir pour son frère qui le lui avait tant demandé.

Avant de partir pour la campagne, Monseigneur a pris à mon égard et à celui de l'abbé de Cuttoli une mesure de précaution qui nous prouve à quel point il veut bien s'intéresser à nous. Il désire que nous soyions installés Chanoines le 2 Janvier prochain. Mais comme d'ici là, dit-il, on peut mourir, il a tenu à signer, hier au soir, nos lettres de Chanoines de Paris. Après cela il m'a embrassé avec une tendresse si paternelle que j'en suis resté profondément ému...

12 Juillet.

Cinq enfants du pensionnat de Saint-Maur auxquelles j'ai fait faire leur première Communion, m'écrivent une lettre collective pour me remercier des soins que je leur ai donnés, afin de les mieux préparer à cette grande action. Elles me recommandent de ne pas les oublier au saint Autel. Non, je n'aurai garde de les oublier, ces pauvres enfants ; car il ne suffit pas de connaître Dieu, mais il faut encore persévérer dans son amour jusqu'à la fin. C'est la grâce que je le supplie de leur accorder à toutes.

18 Juillet.

L'abbé de Cuttoli qui est parti en vacances avec Monseigneur m'écrit de Belleau une affectueuse lettre : « Je ne sais si vous pensez quelquefois aux voyageurs, mais je puis vous dire que nous pensons bien souvent à vous. Votre nom, cher ami, est ici plus d'une fois sur nos lèvres ; il vient à toute heure, donner comme un charme nouveau aux délices de notre Villa. »

Il me fait ensuite une description poétique de la belle campagne de Monseigneur, et me donne de bonnes nouvelles de Sa Grandeur qui se propose toujours de m'appeler près d'elle au mois de Septembre.

27 Juillet.

Nous avons reçu hier une visite à laquelle nous ne nous attendions pas, et qui ne nous en a été que plus agréable. C'est celle de notre bon oncle G***. Nous l'avons eu à déjeuner, ce jour là seulement. Demain j'irai peut-être à Versailles avec lui. Notre joie eut été à son comble si notre père ou notre chère maman l'avait accompagné. Ah ! qu'il me tarde de revoir mes biens-aimés parents !... Mais patience !...

1856

18 Aout.

Mon cher Hippolyte vient de remporter onze prix à la distribution qui a eu lieu le 13 de ce mois au collège de S... Il a eu les premiers prix de version grecque, de narration latine, de thème latin, de vers latins, de physique, de cosmographie, d'histoire, de narration française, de mémoire, le second prix de version latine, et, pour couronner tout cela : le prix d'honneur. Quel beau succès et que nos parents doivent être heureux !...

19 Aout.

Monseigneur l'Archevêque est revenu à Paris pour présider la retraite ecclésiastique qui a lieu en ce moment. Vers la fin de ce mois, il compte retourner à Belleau. Peut-être pourrai-je aller rejoindre mes parents avant le 15 Septembre. Joseph désire beaucoup revoir le pays natal et unir ses beaux lauriers de la science du droit aux lauriers littéraires de ses frères. Je crois même qu'il a adressé une demande de congé à **M.** le ministre des cultes. Son Excellence voudra-t-elle le lui accorder ? Voilà la grande et importante question...

J'ai eu, ces derniers jours, la visite de Monseigneur Level, Supérieur de Saint-Louis des Français à Rome : que de souvenirs, à sa vue, se sont réveillés en foule dans mon esprit et dans mon cœur !... Rome ! ma chère Rome !...

7 SEPTEMBRE.

Je suis à la campagne de Monseigneur depuis le premier de ce mois. Bien souvent déjà, en apercevant au loin le mont Ventoux, mon cœur a volé dans l'humble maison de M... où se trouve, en ce moment, mon père bien-aimé. Merveilleux effet de la pensée et de l'imagination !... Il me semble être déjà près de lui, le suivre de la maison du soldat à l'établissement des

bains; tremper, avec lui, mes lèvres
avides à cette eau vivifiante; me promener à ses côtés au bord de la prairie...
Et puis l'heure du repas arrive, nous
nous acheminons ensemble vers le logis
hospitalier; et, comme c'est Dimanche, nous en sortons de nouveau pour
diriger nos pas vers l'église. Déjà ce
matin nous avons assisté à la messe,
maintenant nous allons chanter les
Vêpres, j'entends la voix de M. le curé;
Deus in adjutorium.., j'entends le
chœur qui répond et qui poursuit le
psaume sacré. Les Vêpres terminées,
nous voulons serrer la main de Monsieur le Curé et...

Mais je suis encore à Belleau!...
Demain nous accompagnerons Monseigneur qui va officier à Montchamp, dans
la chapelle dédiée à la sainte. Il y
aura un nombreux concours de fidèles.
M. l'abbé Gabriel, curé de Saint-Merry,
prêchera en plein air. Le spectacle de
ce peuple immense écoutant, sur la mon-

tagne, la parole divine et courbant ensuite la tête sous la main bénissante du
pontife sera émouvant. Nous revien-
drons vers midi. Il y aura grand dîner au
château. Le soir on se promènera dans
les vertes prairies et sous les frais om-
brages. Pour moi, en voyant arriver la
fin de ce jour, je sentirai mon cœur
battre à coups redoublés en pensant que
bientôt, oui bientôt, se lèvera celui qui
doit me ramener dans les bras de mes
chers parents.

3o OCTOBRE.

C'est hier entre onze heures et midi
qu'on a opéré notre cher Hippolyte.
M. le docteur J. G*** s'en est acquitté
à merveille en présence de M. et Mme A**
de M. Boiteux, de Joseph et de moi...

Il n'y a maintenant aucun accident
à redouter, le pied reprendra sa position normale. Nous n'avons donc qu'à
bénir Dieu que tout se soit passé ainsi.

1857

Je reçois une excellente lettre de la
bonne Supérieure de l'hôpital qui veut
bien me féliciter sur ma nomination
de chanoine honoraire. « M. Castagnier
vient de me l'annoncer, m'écrit-elle, et
ne pouvant concentrer ma joie, il faut
que je vous en fasse part, en y joignant
les souhaits que je fais pour la continu-
ation de votre bonheur et de votre prospérité. Fils béni d'un père vertueux, Dieu
vous regarde avec complaisance! Il vous
enchaîne par des liens forts et doux.
Heureux de porter le joug et le fardeau
légers du Seigneur, vous courez à
grands pas vers la pente rapide où vos

vertus et vos talents seront couronnés du plus brillant succès... Mes vœux vous suivent partout ; partout la sollicitude d'une seconde mère demandera tout bas à Dieu de nouvelles et abondantes bénédictions pour un digne et pieux ministre de nos saints Autels... »

Bonne Mère Agnès ... Je vais lui écrire pour la remercier de son précieux souvenir et la supplier de me le conserver toujours devant Dieu, car j'en ai bien besoin.

Je reçois aussi une lettre de mes petites élèves de Saint-Maur. Ces chères enfants m'expriment leur reconnaissance pour les soins que je prends de leur instruction religieuse. Elles déposent aux pieds du saint Enfant Jésus leurs vœux les plus ardents pour la félicité de celui qui leur apprend à connaître et à aimer Dieu, ce Dieu qui seul donne quelque bonheur sur la terre. Cette lettre est signée Stéphanie de G*** secrétaire.

1857

4 Janvier.

C'est la mort dans l'âme que j'écris à la hâte ces quelques lignes : Notre bon Père, notre Bienfaiteur, notre Providence, après Dieu, sur la terre, Mgr l'Archevêque de Paris n'est plus depuis hier soir 5 heures !... Un assassin abominable l'a poignardé, pendant qu'il achevait la procession dans l'église de Saint-Étienne. Les journaux vont l'apprendre à mes pauvres parents, j'aime mieux les prévenir... ils recevront au pied de la croix cette nouvelle : elle leur percera le cœur... Hélas !... ici, nous l'avons tous brisé !... En ce moment, on s'occupe d'embaumer le corps de Monseigneur. L'évêque de Tripoli son cousin, croit qu'il est mort d'un anévrisme, il est anéanti.

Je sens mon cœur qui déborde, et je ne peux pas pleurer !

7 Janvier.

Depuis deux jours, je crois être sous le

poids d'un affreux cauchemar. Je ne puis encore envisager de sang-froid la fin tragique de notre bien-aimé et vénéré Père. Se peut-il vraiment qu'il soit mort, qu'il ait été victime d'un assassin ?... Affreux souvenir! source de déchirement pour mon cœur! tout ici contribue à le rendre vivant, cet horrible souvenir, et le jour et la nuit. Le jour, la foule se presse de tous côtés vers le palais tendu de noir, avide de contempler une dernière fois les traits augustes du meilleur des Evêques; elle entre à flots multipliés dans ces salons habités par la mort et décorés par sa main funèbre; les cris lugubres se mêlent au vent qui souffle et semble se plaindre au travers des branches mortes des arbres de l'esplanade; les vendeurs de médailles, de croix, de chapelets augmentent les clameurs et en perpétuent l'effroi. La nuit, il me semble les entendre sous ma fenêtre, et je me réveille en sursaut, les yeux pleins de larmes, le cœur palpitant, les pensées en désordre, la terreur dans l'âme... La vue du poignard qui a frappé Monseigneur se dresse horrible devant moi! ah! que cela est affreux! et que nous avons bien besoin des consolations de la foi pour résister à la douleur de ce coup qui nous a tous atteints! Pauvre Monseigneur! il était si bon, il nous aimait tant! que de marques ne nous avait-il pas données de son affection?

Le premier jour de cette année, c'est-à-dire l'avant-veille de celui qui fut le dernier pour lui, Hyppolyte était venu chez moi. Je le conduisis à Monseigneur; comme il fut bon à son égard! comme il se montra joyeux d'apprendre qu'il avait eu 11 prix à S... et qu'il était, maintenant, en rhétorique à Auteuil. Avec quelle tendresse il nous bénit et nous pressa sur son cœur avant de nous laisser partir!...

Deux jours auparavant Emile et Joseph étaient là. Monseigneur voulut qu'ils vinssent passer la soirée près de lui. Il causa science avec Emile, droit avec Joseph, et dit en nous congédiant: «Voilà trois frères qui s'aiment bien. »

Hélas! c'est le jour même de sa mort que le peintre a apporté le portrait qu'il voulait offrir à mon père... oh! mes parents prieront le bon Dieu pour le repos de son âme. Quant à moi, tous les matins, je dis la messe dans la chapelle ardente où il est exposée; et ma consolation est de penser qu'étant mort pour la cause de l'Immaculée Conception, il n'a fait que traverser le séjour de l'expiation pour aller prendre possession du trône de gloire que la bonté de Dieu lui avait destiné dans le Paradis.

17 JANVIER.

Depuis que je suis sous le coup de l'affreuse douleur causée par la mort de notre saint Archevêque je reçois des lettres de toutes parts. Mes amis, les abbés Sauvé, Pasteur, le vénéré abbé Boiteux, mes chers parents m'écrivent pour me

consoler de leur mieux m'exprimer la part
qu'ils prennent à mon deuil particulier,
me rappeler la nécessité, au milieu d'une
si cruelle épreuve, de m'abandonner entre les mains de la Providence qui, après
m'avoir donné un si saint protecteur, me
l'a ravi si tôt. Mgr de Digne m'a écrit
ces lignes que je tiens à conserver.

MON CHER AMI,

Vous ne pouvez pas pleurer! Je n'ai pu
me soulager qu'aujourd'hui le troisième
jour; car la lamentable nouvelle nous est
arrivée avant-hier dimanche, au matin.
Où chercher une consolation? nulle part,
si ce n'est en Dieu et dans les espérances
de la religion. Je me dis aussi: votre cher
Archevêque a été victime de la haine pour
la sainte Vierge, la sainte Vierge aura été
là pour lui en témoigner sa reconnaissance. Dites tout ce que vous pourrez à
M. Dedoue. Pour vous, mon cher enfant,
ne viendrez-vous pas avec nous?... Que
ferez-vous maintenant à Paris? tout y est

si triste!... Pensez-y devant le bon Dieu. Vous savez avec quel empressement et quelle affection vous serez reçu. Agréez, mon cher enfant, tous mes sentiments affectueux. »

† JULIEN, Evêque de Digne.

De son côté, mon pauvre père m'encourage, me prêche la résignation, m'exhorte à me soumettre entièrement à la sainte volonté de Dieu. Voici quelques-unes des lignes que sa tendresse paternelle lui a dictées pour moi: « Pleurons, pleurons, mon cher enfant, la mort tragique du plus dévoué, du plus bienfaisant des hommes, d'un Père tendre et aimant! ô mort! que tu es terrible et affreuse! Mourir assassiné dans le temple du Seigneur! ô saint martyr, ô apôtre brûlant de charité et d'amour, ô prélat recommandable par tant de vertus et de brillantes qualités, que nos larmes coulent abondantes, que nos regrets amers et cuisants soient éternels!...

Oui, mon cher fils, c'est au pied de la croix, le cœur navré !... que ta bonne mère, et tous nos enfants nous avons bien prié, pour le repos de l'âme de notre second Père à tous, de celui qui, par ses bénédictions, avait attiré sur notre famille tant de grâces du Seigneur... Ta conduite, ton dévouement, tes souffrances, tes larmes, tes regrets et ta résignation sont sublimes et admirables et te grandissent aux yeux de tous. Surmonte donc ta douleur ; accomplis en tout ta tâche, quelque pénible et amère qu'elle soit : rends les derniers devoirs à ton Père, à ton Evêque, à ton Bienfaiteur ; prions Dieu pour ce saint homme, pour ce martyr de la foi et du dogme sacré de l'Immaculée Conception ; et le bon Dieu nous viendra en aide et nous protègera.

31 Mars.

Notre nouvel Archevêque, le Cardinal Morlot, arrive, dit-on, à Paris, vendredi prochain. Mais nous ne savons encore rien de précis sur son installation. L'évêque de Tripoli continue ses promenades en voiture au bois de Boulogne. Son existence clouée à un fauteuil me paraît bien triste. Il la supporte avec beaucoup de résignation.

Le temps est gris depuis quelques jours. Mars nous dit adieu au milieu de ses giboulées. La Semaine Sainte approche. C'est demain le 1er Avril, et Pâques est le 12. Comme le temps s'écoule !... Il y aura demain 3 ans que j'ai été ordonné prêtre et que j'ai dit ma première messe... Le soir mon père entrait dans ma petite chambre de Saint-Louis. Je savais qu'il m'aimait ; mais ce jour-là j'ai compris qu'il me chérissait plus que je ne puis le dire...

1er Mai.

Je viens de recevoir une petite lettre de M. Lagarde dans laquelle il m'affirme qu'il est toujours, et veut être toujours mon frère et mon ami. « Si les circonstances présentes, m'écrit-il, aussi pénibles pour mon cœur, croyez-le, qu'elles peuvent l'être pour le vôtre ont pu élever en vous quelque nuage là-dessus, j'espère que maintenant le ciel va reprendre sa douce et pure sérénité. Quoiqu'il arrive, j'ai la confiance que vous ne douterez pas plus de mon amitié que je ne doute de la vôtre. Si nous ne sommes pas destinés à continuer notre route côte à côte, nous ne serons jamais bien éloignés du moins. Et en Notre-Seigneur nous nous retrouverons toujours, n'est-ce pas, comme deux amis et deux frères pour nous aimer et nous embrasser. »

Oui, mon Dieu, j'espère que vous me conserverez l'affection de ce bon prêtre. Mais vous surtout, mon Jésus, mon ami, mon frère, gardez-moi votre amitié divine, et faites que, jamais, je ne vous reprenne mon cœur.

15 MAI.

« J'ai su vos petites peines, mon cher

— 57 —

ami, et j'ai à cœur de vous dire combien j'y ai pris part. C'est là notre lot sur la terre, il ne faut donc pas trop nous étonner, ni surtout nous décourager quand elles arrivent. La religion, comme la simple sagesse humaine, nous le disent ; et quand vous aurez marché encore un certain nombre d'années dans la vie, vous comprendrez davantage encore combien nous devons mettre en Dieu seul notre confiance, comme notre amour...

J'espère (et c'est la pensée de l'abbé Dedoue comme la mienne) qu'une fois que vous aurez un peu oublié le pénible des circonstances qui ont accompagné ce changement dans votre position, vous vous en réjouirez et vous n'aurez rien à regretter pour l'avenir. Vous êtes attaché à une belle paroisse ; l'abbé Legrand vous offrira de bienveillantes relations ; il a de la piété, jointe à ses autres qualités, et il est à même d'apprécier celles de son collaborateur. M. Dedoue se propose de vous faire connaître à lui ; s'il vous était agréable et utile que je joignisse ma recommandation et mon témoignage aux siens, je le ferais volontiers, le connaissant depuis assez longtemps.

Vous avez embrassé cette petite croix avec celle de Notre-Seigneur. Votre amour pour Dieu m'en est garant : je vous laisse là ; mais je tenais à vous dire que vous avez des amis, et que leurs cœurs ne sont pas insensibles à ce qui éprouve le vôtre, dans ces circonstances.

J. JACQUEMET
(Ch. de Saint-Denis.)

Cette lettre que je viens de recevoir me prouve que l'affection de ce bon prêtre, chanoine de Saint-Denis, est sincère, car c'est à l'heure de l'adversité qu'on connait ses vrais amis ; et je suis heureux, au milieu de mes tribulations d'en posséder encore comme celui-là.

26 Mai.

Notre pauvre cousine Félicie S*** me confie les angoisses que son cœur de mère a éprouvées pendant la maladie d'Eugène. Elle ne reçoit pas de lettre de lui et me supplie de lui envoyer au plus tôt des nouvelles de son cher enfant. Elle me demande aussi d'oublier et de pardonner, pour l'amour de Dieu, les désagréments que j'ai pu éprouver à son sujet. Tout cela est déjà fait, et je prie le bon Dieu de bénir l'enfant et la mère de ses meilleures bénédictions.

9 Juin.

La Mère Prieure du Monastère des Bénédictines du Saint-Sacrement me demande d'aller leur prêcher le sermon de la Fête-Dieu, Jeudi, 11 courant à 3 h. 1/2.

30 Juin.

Dans le courant de ce mois, j'ai reçu trois lettres de mon cher frère Émile. La première m'apporte de bonnes nouvelles de S... où il a eu la joie de se trouver avec nos parents pour la solennité de la Fête-Dieu. Il me dit qu'il a été revoir la Baume avec notre père, et ensuite qu'il a passé quelques heures à S... avec notre oncle et avec Alfred P*** Dans sa seconde lettre, il m'apprend qu'il est arrivé à Marseille et qu'il y a enfin trouvé une pension convenable, chose peu facile à ce qu'il parait. Il a eu aussi le plaisir de faire une charmante excursion en mer avec M. Reynaud, inspecteur des phares qu'il connaît. Dans sa troisième missive, il se plaint de ne pas en recevoir de moi, mais il sait par Joseph que je suis bien occupé et il voudrait me voir déjà en vacances pour prendre le repos dont il suppose que je dois avoir le plus grand besoin après les fatigues et les émotions de cette année.

16 Aout.

J'apprends par une nouvelle lettre d'Emile que notre mère et notre sœur

Eugénie sont arrivées à Marseille un peu fatiguées de leur voyage, mais en assez bonne santé pour qu'il se propose de leur faire faire de belles promenades.

24 Aout.

Mon cher Hippolyte s'est enfin décidé à m'écrire. Il s'excuse de son long retard à le faire sur la nécessité où il s'est trouvé de recevoir ses camarades de Grenoble. Il m'apprend que notre père a reçu *mon épître* et qu'il en a été assez heureux pour se la faire lire trois fois. Pauvre père! que ne puis-je aller vous embrasser, vous et ma bonne mère chérie!...

26 Octobre.

Les catéchismes de Saint-Germain l'Auxerrois recommencent à la Toussaint. Monsieur le Curé m'a chargé de tous ceux des filles. Ils forment une des principales occupations de notre ministère et nous ne saurions y apporter trop de soins.

Le travail de la paroisse me plaît. Je suis dans les meilleurs termes avec les autres vicaires. Monsieur le curé semble m'affectionner. Que Dieu soit béni d'avoir pris en pitié son pauvre petit serviteur !

3 Novembre.

La fête de Saint-Charles me rappelle un des plus beaux modèles de la vie sacerdotale. Je veux en profiter pour me retremper dans toutes les bonnes résolutions que j'ai prises autrefois et que je ne saurais trop renouveler. Le petit livre de la vie de M. Boullier me servira de guide. Le peu que j'en ai lu ce soir m'a rempli de confusion... mais je veux me convertir et mieux faire à l'avenir. Hélas! j'ai beau me tracer des règles de conduite : le milieu où je vis, le bouleversement perpétuel des heures de ma messe, les soins de ma santé, les exigences du service de la paroisse, les devoirs du monde, de famille, d'amitié, m'empêchent de les observer. Jusqu'ici je reconnais à ma honte que j'ai vécu avec assez peu d'ordre, quoique très ordonné en apparence. Oh! que j'ai besoin, pour devenir un saint prêtre, de mettre plus d'exactitude aux deux points si importants de la prière et de la fidélité au réglement... Je prends ce soir à vos pieds, ô mon Dieu. la résolution : 1° de toujours faire avant la sainte messe ma prière et mon oraison. Je me servirai de l'excellent livre du Père Grou sur l'intérieur de Jésus et de Marie. 2° d'observer le plus possible le règlement que je me suis tracé...

13 Novembre.

Mercredi je bénis le mariage d'Eugène M*** avec mademoiselle C***. Je leur fis un discours suivant l'usage. Il était court. C'est, peut-être, pour cela surtout qu'on l'a trouvé bien.

Joseph espère être attaché au Ministère de la Justice si la division des Cultes lui est rendue. En attendant, il s'ensevelit, le jour et la nuit, dans l'étude légèrement obscure du droit Romain. Je travaille le plus souvent, le soir, en face de ce cher frère, sur une large table anglaise recouverte d'un antique tapis et encombrée d'une foule de livres, de papiers, de crayons, de plumes et d'encriers. Ici le désordre n'est pas toujours un effet de l'art, mais simplement la conséquence du manque de temps...

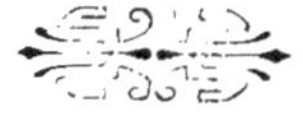

1858.

14 Février.

Hier et aujourd'hui j'ai dit la messe pour ma chère Eugénie devenue madame Alfred P***. Que l'union de ces deux chers enfants soit bénie du bon Dieu! je l'espère. J'espère qu'elle a été voulue par lui pour le plus grand bien de leurs âmes. Joseph a reçu ce matin une lettre dans laquelle ils nous annoncent leur arrivée pour demain soir. L'un de nous ira les attendre à la gare et nous les installerons chez de braves gens qui tiennent un grand hôtel tout près d'ici.

— 66 —

1858

Mes parents sont heureux du mariage de ma sœur. Alfred est un jeune homme de cœur et d'esprit, animé de sentiments très religieux, il appréciera les vertus de ma sœur. La conduite d'Eugénie, pendant tout le temps qu'elle est restée à la maison, a prouvé combien elle avait su profiter des leçons de notre mère. Mon cousin Alfred trouvera en elle un véritable trésor.

5 Mars.

En rentrant aujourd'hui a la maison nous trouvâmes la très aimable invitation à dîner de M. Bastide, ancien notaire de S... Cet excellent homme dont le caractère rappelle celui du pauvre oncle R*** nous conserve toujours la même amitié. Il ne nomme maman qu'avec un cri d'admiration. Je ne pourrai me rendre à son affectueux appel, étant invité déjà pour le même jour chez la mère de M. l'abbé Lagarde.

31 Mars.
Mercredi Saint.

J'ai eu beaucoup à faire depuis douze jours : j'ai dû prêcher aux enfants du patronage la retraite pascale. C'est le jour des Rameaux qu'un grand nombre d'entre eux ont eu le bonheur de communier. Les fidèles de Saint-Germain se disposent également à gagner leur Jubilé et à faire leurs Pâques. De là beaucoup de confessions à recevoir par chacun de nous. Je sens la fatigue me gagner. Cependant je réagis de mon mieux, car nous ne sommes pas encore au bout. Le bon Dieu, je l'espère, me donnera des forces pour atteindre heureusement la fin du temps pascal.

Le temps magnifique des jours derniers se met à l'unisson avec la tristesse et le deuil de la Semaine Sainte. Les vents se battent sur nos têtes et remplissent nos chambres de fumée ; la pluie et la grêle se succèdent presque sans relâche. C'est le prélude de la nature à la célébration des funérailles d'un Dieu. Dans quelques jours nous chanterons l'office du *Mercredi Saint.* Il me rappellera le souvenir des ténèbres entendues à la chapelle Sixtine ou, même encore, dans la cathédrale de S... lorsque j'étais enfant et que j'assistais avec tant d'émotion aux touchantes cérémonies de la Semaine Sainte.

14 Avril.

Mon bon père m'écrit en me priant de lui dire si je suis content à Saint-Germain. Après les épreuves auxquelles il a plu à Dieu de me soumettre, mon contentement ne peut pas être très grand... J'ai le tort d'être trop sensible et trop fier. Cependant M. le Curé de Saint-Germain fait mon éloge à qui veut l'entendre et paraît tenir à me conserver. Je ne ferai pas la moindre démarche pour changer de paroisse. A quoi bon?... Je veux seulement remplir ici de mon mieux le Ministère qui m'est confié. La différence d'âge, de position, de caractère, d'origine rend assez difficiles les relations intimes entre confrères. Mais je remercie le bon Dieu de m'avoir donné la société d'Émile et de Joseph : quoiqu'elle ne puisse me procurer les mêmes avantages que celles d'amis ecclésiastiques, je sais apprécier le bonheur de posséder mes excellents frères. Et puis Jésus-Christ n'est-il pas plus que tous les autres le véritable Ami du prêtre ? N'est-ce pas en lui que je pense trouver, partout et toujours, la tendresse et la fidélité dont la sensibilité de mon cœur a besoin ?

12 Mai.

Mon père se plaint beaucoup de la froideur des lettres d'E*** je lui réponds en le priant d'être très indulgent ; de refouler au plus profond de son âme la pensée qui l'a contristé ; d'éviter, surtout, qu'il en paraisse rien extérieurement. A quoi servirait un éclat?... à les affliger réciproquement, et voilà tout. On gagne tout par la douceur; mais on ruine tout par la violence. Saint Paul nous dit qu'il faut vaincre le mal par le bien. Par conséquent le meilleur moyen de répondre à une froideur qui n'est qu'apparente, c'est de multiplier à l'égard d'E*** les témoignages de la plus tendre affection...

Voilà bientôt un an que je suis à Saint-Germain ; c'est à ne pas le croire. Triste ou joyeuse, heureuse ou non, la vie s'écoule avec une incroyable rapidité. Pour les uns c'est un ruisseau paisible, pour les autres un torrent, pour le plus grand nombre un fleuve dont le cours est tantôt calme, tantôt agité. Qu'elle nous conduise au ciel !... Voilà l'unique objet de mes désirs pour moi et pour tous ceux qui me sont chers.

2 Juin

Alfred P*** m'envoie une affectueuse

lettre dont je note ici quelques passages. Après s'être excusé de ne pas m'avoir écrit plus tôt par suite des embarras et des contrariétés que lui ont donnés ses affaires, il me parle du pauvre Philippe pour lequel il ressentait une amitié si vive et qui a été si tôt enlevé aux siens par la mort. Puis il ajoute : « Il faut bien, mon cher frère, que Dieu nous rappelle par ces coups terribles à la pensée sévère de la vie future. Sans cela on se laisserait aller à la dérive, emporté par le courant d'une existence facile et heureuse. Ta sœur, tu la connais ! ses vertus et ses grâces, tu les as appréciées !... Avec une telle compagne, la route est agréable, elle est aisément parcourue. A peine si les calamités vous forcent à une halte fâcheuse, on repart plus gais et plus dispos, le courage retrempé par une épreuve dignement subie. Les absences, elles-mêmes, deviennent, quand elles sont passées, une jouissance de plus pour le présent... Je veux finir en te disant combien nous gardons bon souvenir de toutes les attentions que tu as eues pour nous. Combien nous serons fiers et joyeux, nous et les nôtres, de te rendre à L... les soins empressés reçus à Paris. Viens nous voir aux vacances, mon brave abbé, ta chambre est prête... nous l'avons installée de façon à ce que tu sois encore chez toi. »

15 Juin.

J'ai dû prêcher aujourd'hui encore... malgré le peu de temps qui m'était accordé pour m'y préparer... Notre Fête-Dieu a été fort belle : beaucoup de monde, longs offices bien suivis, magnifique procession et temps superbe.

21 Octobre.

Émile vient de nous arriver à l'improviste et la joie de le revoir s'est accrue de tout le plaisir de la surprise. Le récit

de son voyage que le bon Dieu a béni
en tous points nous a vivement inté-
ressés et nous a donné le plus vif désir,
à Joseph et à moi, de faire plus ample
connaissance avec les merveilles de la
Belgique, les monuments de Londres et
les sites pittoresques de l'Ecosse et de
l'Irlande...

Ici le ciel est sombre. Nos journées se
passent néanmoins assez gaîment. Je
fais mes délices de ma chambre et de ma
terrasse, me souvenant du mot si juste
de l'Imitation. Je me lève de bonne heure,
je dis ma messe, puis je travaille jusqu'au déjeuner, après quoi je fais un peu
de piano. Mes prières et mes études
m'occupent jusqu'au dîner. Nous sortons
ensuite, avec Joseph, prendre de l'exercice, et nous rentrons faire une partie
d'échecs, lire, et nous coucher. Le mois
prochain va m'apporter la besogne des
Catéchismes. Mais je l'aime et Dieu m'y
aidera.

1858

3 Décembre.

Nous voici dans les changements.
Notre paroisse perd son titre de paroisse
impériale par suite de la constitution
définitive de la grande aumônerie. Notre
premier vicaire nous quitte pour remplir
les fonctions honorables et lucratives de
vicaire général du grand aumônier qui
est l'Archevêque de Paris. M. de Cuttoli
est nommé Maître des Cérémonies de la
Chapelle impériale... M. le Curé, en
m'annonçant toutes ces nouvelles ce
matin, m'a parlé d'un changement probable pour moi aussi...

J'avoue que je suis content de l'obscurité où la Providence m'a placé et que
je ne désire pas en sortir. Ainsi que
notre père nous le répétait si souvent :
« il vaut mieux la médiocrité avec
l'indépendance que les honneurs avec
la servitude... »

Notre fraternelle communauté se soutient toujours dans une harmonie qui fait

mentir le proverbe latin. Il y aurait bien de temps à autre quelque occasion de froissements réciproques, mais nous nous aimons trop pour nous y arrêter...

Fête de Saint-Étienne.
26 Décembre.

Ce matin j'ai fait le prône devant un auditoire assez nombreux et notamment devant mes trois frères et notre jeune cousin qui a passé la journée de Noël et celle-ci avec nous. Émile a été content de mon éloquence, laquelle, dit-il, ne l'a point ennuyé. La veille j'avais prêché également devant eux dans la chapelle des frères de notre paroisse où j'eus le bonheur de célébrer la messe de minuit et de leur donner la sainte Communion, ainsi qu'à un certain nombre de nos jeunes et chers apprentis. Il faut vraiment rendre des actions de grâces au bon Dieu pour les excellents sentiments qu'il inspire à mes frères et le prier de les conserver toujours dans la voie de la vertu que nos parents n'ont cessé de nous tracer, en sorte qu'après Dieu, c'est à eux que nous sommes redevables du bonheur de la suivre.

31 Décembre.

M. R*** directeur du personnel au Ministère des Cultes me fait savoir qu'un traitement de 1,500 francs vient d'être accordé à Joseph. « Vous aviez bien voulu, m'écrit-il, me signaler les liens de famille qui vous unissent à ce jeune homme, et je suis heureux d'avoir pu contribuer à améliorer sa position »

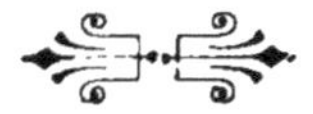

1er Février.

Nous n'avons encore rien de nouveau relativement à notre personnel... A mes trois Catéchismes vient de s'en ajouter un quatrième, celui de la persévérance des filles. J'ai là, devant moi, une masse de diligences à corriger, ornées, il est vrai de gracieuses faveurs, mais si volumineuses qu'elles m'effraient. Patience ! à chaque jour suffit son mal.

La semaine dernière j'ai été un peu fatigué. Le temps pluvieux et noir en était cause. Je souffrais de l'estomac mais je vais bien maintenant...

22 JUIN.

Alfred P*** me remercie dans une affectueuse lettre de la promesse que je leur fais d'aller, en Octobre, baptiser leur enfant. Il me donne des nouvelles de ma chère Eugénie dont l'état de santé est aussi bon que possible.

13 AOUT.

Eugène S*** est arrivé à Niort. Il m'écrit une lettre joyeuse. On voit qu'il est content de se trouver dans sa famille. Puisse ce séjour à la campagne lui être favorable sous tous les rapports.

22 AOUT.

Alfred m'écrit de son domaine des Allos, pour me vanter les charmes de la campagne : « Combien je désire souvent t'arracher aux ardeurs du ciel de Paris, au tumulte de la Capitale et t'avoir auprès de moi!... Mais tu es loin d'ici, ta tâche t'y retient!... Je n'ai pu voir encore Hippolyte et recueillir de sa bouche toutes les nouvelles que je veux lui demander de toi; ton existence si occupée, les soins si nombreux et si divers de ton ministère, ton intérieur que je n'oublie point feront les frais de longues causeries. En nous vieillissant d'un mois, d'un mois bien long au gré de nos désirs, nous te verrons, toi aussi, au milieu de nous... Tu as déjà bien des titres à nos attentions, à notre vive amitié, et si Dieu nous protège comme il l'a fait avec tant de bonté jusqu'ici, tu acquerras, cher frère, de nouveaux droits à notre affection dévouée, en baptisant le cher petit ange objet en ce moment de nos plus énergiques préoccupations... Continue à prier pour nous, mon bon frère, c'est la meilleure manière de nous aimer et nos cœurs t'en remercient. »

— 80 —

1855.

7 Novembre.

Paul m'écrit une lettre lamentable, il
s'ennuie, à en périr, au lycée de Lyon où
se trouvent actuellement près de 1500
élèves, tous ou presque tous, étran-
gers et indifférents les uns aux autres:
s'il pouvait venir bientôt nous rejoindre,
il ne serait plus si isolé au milieu de
cette multitude.

22 Décembre.

Pauvre père, pauvre mère!... ils sont
privés de leurs 5 garçons pour les fêtes
de Noël... Mon bon père en paraît tout
attristé dans la lettre que je viens de
recevoir, il me dit qu'il fait bien froid
à S... et qu'il ne saurait trop me recommander de me soigner. Enfin il termine
en me donnant de bonnes nouvelles de
ma mère et en nous souhaitant à tous
d'heureuses fêtes de Noël. Que le Saint-
Enfant Jésus console nos chers parents

6

et leur accorde ses plus douces faveurs pour les récompenser de tous leurs sacrifices.

31 Décembre.

Quare tristis es anima mea et quare conturbas me ?... Mes années s'écoulent bien vite, ô mon Dieu ! elles tombent dans le sein de votre éternité comme les flots d'un torrent grossi quelquefois, le plus souvent, par mes larmes...

1860.

28 Mars

Les Instructions de la messe de 6 heures seront plus fructueuses, étant faites par le même vicaire s'il les fait bien ; elles auront plus de suite ; et les fidèles y viendront avec plaisir et profit. M. le Curé a compris cela cette année, et c'est moi qu'il a chargé de ces instructions du matin.

8 Avril.
Jour de Pâques.

Je m'empresse de profiter d'un moment pour écrire à mon père, et le remercier de sa bonne lettre, car la Semaine Sainte avec ses longues cérémonies et ses confessions m'avait entièrement absorbé.

Emile est actuellement à Lyon : il est allé soutenir le courage de Paul. Nous allons bien prier pour sa réussite. Hippolyte a suivi la retraite prêchée à Notre-Dame par le P. Félix, dont il est très content. En ce moment il est à Notre-Dame au milieu de 4000 hommes, tous sur le point de faire leurs Pâques ; réunion admirable qui prouve que la foi chrétienne est encore vivante dans de nobles cœurs : réunion que nos Provinciaux, esclaves de sots préjugés et d'un respect humain inqualifiable, auraient besoin de voir pour s'armer de courage et s'approcher à leur tour de la Table sainte.

22 MAI.

Mon cher cousin l'Abbé R*** m'écrit qu'il a eu jusqu'à ce jour, depuis le commencement du mois de Marie, un travail extraordinaire. La première Communion des enfants, la fête de l'Ascension et le renouvellement de la première Communion l'ont beaucoup occupé ; et il se propose de conduire les enfants à Notre-Dame du Laus. Puis il faudra les préparer à la Confirmation. Il suppose que je dois, de mon côté, avoir bien du travail avec mes grands sermons du mois de Marie et ma première Communion à préparer. Ce bon cousin me recommande instamment de ménager mes forces, afin de travailler plus longtemps à la vigne du père de famille et de produire des fruits de salut... Cher Abbé R***! que de fois vous m'avez donné de sages conseils ! Je me souviens du temps où vous m'exhortiez si vivement à me convertir, à rompre avec le monde, à me consacrer tout entier au service de Dieu... Que le Seigneur vous récompense de tout le bien que vous m'avez fait et de celui que vous avez voulu me faire !

1860

10 Juin.

C'est Dimanche que ma petite sœur
Joséphine doit faire sa première Communion.

19 Juillet.

Mon bien cher Émile dont je reçois
souvent des nouvelles, me félicite, dans
sa lettre datée du 17 courant et que je
viens de recevoir, de mon heureuse arrivée à S... Il m'apprend, sans m'étonner, qu'il travaille beaucoup; tout en
trouvant le moyen de faire des courses
aussi salutaires pour sa santé que pour
son instruction, dans le Puy-du-Dôme
et la Haute-Loire. Voilà déjà un certain
temps qu'il habite Clermont-Ferrand.
Quand il quittera cette ville, il connaî-
tra à fond l'Auvergne. Émile travaille
avec d'autant plus de zèle qu'il voudrait
pouvoir venir vers le milieu de Septembre à S...

1860

2 Aout

Nouvelle lettre d'Emile apportant une heureuse nouvelle : Paul vient d'être reçu bachelier avec neuf rouges et une blanche. Que Dieu soit béni !

24 Aout.

Dans une missive spirituelle et gaie Hippolyte m'apprend qu'il s'est fait un cabinet de travail dans la maison de nos parents à S...

Il me dit encore que notre père rajeunit, que maman est un peu enrhumée, que le brave Paul se remet de ses fatigues, que nos petites sœurs sont charmantes et se disposent à recevoir, dans quelques heures, des couronnes impatiemment attendues. Enfin que lui-même court par monts et par vaux, en attendant l'ouverture de la chasse.

Que sera-ce donc quand elle sera ouverte !...

1860

28 Aout.

Cher Confrère et doux Ami.

J'ai le plus grand désir de vous voir ainsi que votre ancien ami de Saint-Augustin, M. Cuttoli. Soyez libre dimanche à 6 heures, pour fêter saint Augustin. Je suis toujours de plus en plus pénétré d'affection et de reconnaissance pour vous et vos frères. Je serai heureux de vous montrer la lettre de M. Rouland m'annonçant le décret de nomination. Elle établit une récompense et un encouragement pour un Curé très étranger à la politique.

Tout à vous.
A. Bourgoing.

C'est en ces termes aimables que M. le Curé de Saint-Augustin m'invite à venir passer chez lui la soirée de dimanche. Comment ne serais-je pas heureux de répondre à une convocation faite d'une manière si gracieuse ?

2 Septembre.

Mon cousin Ste R*** de retour dans notre beau pays m'écrit qu'il l'a revu avec un cœur et des yeux attendris. « Le bruit du vent dans les grandes orgues du rocher de la Baume, m'écrit-il, est toujours d'une majestueuse et grandiose harmonie, avec quelques notes criardes cependant!.... » Il a embrassé nos parents avec une grande joie. Il faut avoir vécu loin de la famille pour mieux en apprécier toutes les douceurs.

16 Septembre.

Retraite au Séminaire de Saint-Sulpice prêchée par MM. Icard et Baudry.

18 Septembre.

Deuxième sujet d'oraison.

Sur la fin du Prêtre. — Je suis prêtre pour faire connaître, aimer, servir Dieu.

pour continuer l'œuvre de Jésus-Christ : la glorification de son Père Céleste et le salut des âmes... Je suis prêtre, pour rendre, comme Jésus-Christ, témoignage à la vérité par ma parole, surtout par mes exemples. Grand Dieu ! — Je suis prêtre pour être un autre Jésus-Christ ; pour passer, comme lui, en faisant ; le bien pour me dévouer au triomphe de l'Evangile, à la destruction du règne de Satan ; pour vaincre le mal par le bien...

Quelle mission ! Quelle fin sublime ! Je suis médiateur entre Dieu et mes frères, chargé par Dieu lui-même de communiquer sa vérité, sa grâce, sa vie, son être substantiel aux hommes qui sont ses enfants... Je suis chargé par les hommes mes frères, de rapporter à Dieu, par Jésus-Christ, leurs pensées, leurs vœux, leur repentir... Ah ! pour accomplir cette fin de prêtre, de pontife, de médiateur, comme il faut que je sois et l'ami de Dieu et l'ami des hommes !...

Quelle clarté il faut dans mon intelligence! par conséquent, quelle étude de la parole divine! quelle pureté dans mon cœur! par conséquent, quelle mortification! quel retranchement de tout ce qui peut flatter et développer mes mauvais instincts!... Quelle fuite du monde, dont les maximes, les exemples, les productions sont si opposés à l'Evangile!... Quel amour du silence et de la retraite pour louer, prier, adorer, écouter Dieu!... Quel amour pour les âmes que Jésus veut sauver par moi! donc quel dévouement! quels sacrifices d'esprit, de cœur, de corps, de biens... *Impendam et superimpendar ipse pro animabus vestris.* Comme il faut que mon amour soit passionné, tout de feu... *Da totum pro toto...* Saint Paul, modèle des saints prêtres, obtenez-moi d'être convaincu comme vous de la sublimité de ma vocation; donnez-moi d'aimer Jésus-Christ et les âmes avec la même passion que vous... O Jésus, Souverain Prêtre, faites mourir dans mon cœur tous les froids calculs de la nature, toutes ses répugnances, toutes ses ardeurs pour le bien sensible... Donnez-moi, ô mon divin, ô mon aimé Sauveur, donnez-moi votre esprit... Ah ! faites-moi plutôt mourir que de souffrir que je devienne jamais un traître, un lâche, ou seulement un prêtre tiède...

RÉSOLUTION : *Méditer souvent la fin de mon sacerdoce.*

19 SEPTEMBRE.

Grandis sacerdotum dignitas! Sed grandis ruina si peccent.

J'écris ces paroles de saint Jérôme, après la méditation de ce matin, les larmes aux yeux et le cœur déchiré par le remords... O Jésus, Souverain Prêtre!... O Jésus qui deviez être mon unique amour! O Jésus mon Sauveur, mon père, mon frère, mon ami!... J'ai donc eu le malheur de blesser votre cœur par mes offenses... J'ai perdu votre grâce ; je me suis répandu comme l'eau ; je me suis laissé séduire par la vanité !... Lumière de mon âme, ô vérité éternelle ! je vous ai laissé assombrir en moi par les ténèbres de mes passions et les sophismes de mes mauvaises lectures !... ô sel vivifiant, ô Jésus, je vous ai laissé vous affadir dans mon cœur au contact des misères du monde et du sanctuaire !... ô mon Dieu, mon iniquité est grande... non, je ne chercherai pas à la diminuer... Et que dirai-je pour m'excuser qui ne se retourne contre moi pour me confondre ? Si j'allègue les ménagements de ma santé, la sensibilité de mon cœur, la nécessité de m'instruire, le besoin de flétrir le vice, de démasquer l'hypocrisie, l'injustice, la mauvaise foi, l'intrigue, tout cela ne me justifie point... que d'excès autres que ceux de l'étude et de la prière ont nui à ma santé ! Pourquoi prolonger des veillées uniquement pour le plaisir ou de jouer ou de lire des futilités ? ah ! si une fois pour toutes je m'étais fait une loi de suivre un règlement, j'aurais été mieux portant et quant à l'âme et quant au corps!... Je suis sensible, ai-je dit, la sensibilité est une précieuse faculté; elle n'est point un défaut, quand on sait la régler. Hélas! je n'ai pas eu souvent cette prudence. Je me suis laissé entraîner par elle; et, sur cette pente, grand Dieu, jusqu'où ne pouvais-je pas descendre? O Jésus, mon unique amour, pardonnez-moi toutes mes attaches de cœur, tous les mouvements de mon âme vers les créatures terrestres. Jetez à l'avenir un voile sur mes yeux pour qu'ils ne voient rien des trompeurs attraits de ce monde qui passe... mettez une garde de circonspection à mes lèvres, une barrière infranchissable à mes oreilles; un sceau, le sceau divin de votre amour sur mon cœur. O doux Sauveur, soyez vous-même mon gardien charitable; tenez-moi sous votre œil divin, sous votre main amie... Vous avez peut-être permis mes égarements, ô mon doux Maître, pour me faire sentir ma faiblesse, pour me corriger de l'orgueil, pour me porter à un entier abandon à votre Providence. S'il en est ainsi, ô mon Dieu, mes larmes qui sont sincères en deviendront moins amères. Je me rappelerai toujours mes années passées pour m'encourager au bien, pour me défendre de la vaine complaisance ; pour me livrer tout à fait à l'esprit de votre grâce. O mon Sauveur, ô Jésus, ô mon ami, je me jette à vos pieds sacrés... je vous prie de me pardonner mes imperfections et mes fautes... Je vous demande ou la mort, ou la grâce de devenir un saint prêtre... O Marie, Mère de mon Jésus, vous prierez avec moi...

22 Septembre.

Clôture de la retraite... Discours de M. Baudry sur ce que cette retraite qui finit au milieu de l'édification commune renferme pour les prêtres et pour les fidèles : la retraite rappelle aux uns et aux autres tous les souvenirs du Sacerdoce, de ses gloires, de ses fruits et de ses devoirs ; — elle est une source de grâces, le gage du triomphe de Jésus-Christ et de son Eglise dans le monde, (ce discours a été très beau, le plus soigné dans sa forme, le mieux dit, chacun en a été touché.) — Rénovation des promesses cléricales ; rentrée au Séminaire en procession à 11 heures : à midi 1/2 départ du Séminaire avec M. l'abbé de Peretti...

Adieu donc, sainte retraite, jours bénis que j'ai passés si doucement dans ma pauvre cellule de Saint-Sulpice ! quelle différence entre les sentiments que j'y ai éprouvés et ceux du temps de mon Séminaire ! Je vous remercie, ô mon Dieu, de m'avoir guéri des scrupules, de la contention de l'esprit et du cœur. Je vous remercie de m'avoir fait goûter la douceur des larmes et de la pénitence

et le désir de n'appartenir qu'à vous
seul... Et maintenant que vous dirai-je?
ô mon Dieu. Mon âme est pleine de confusion au souvenir et sous le coup de
vos bontés. Ah! daignez confirmer votre
ouvrage et m'accorder la grâce d'être
dorénavant un saint prêtre, un prêtre
véritable comme saint Paul, le modèle
des prêtres après votre divin Fils Jésus-
Christ. Je vous en conjure par ce divin
Sauveur et votre sainte Mère...

O Marie, n'abandonnez pas votre
enfant...

7 Octobre.

Le bon Joseph répond à ma lettre. Il
est heureux de savoir que je passe mes
vacances au milieu d'amis qui se char-
gent de me faire oublier les tracas de la
vie paroissiale à Paris. Il me dit qu'il
compte bien me voir revenir dans 8 jours
muni d'une provision de santé et de gaîté
assez considérable pour durer toute
l'année. Que le bon Dieu le veuille,

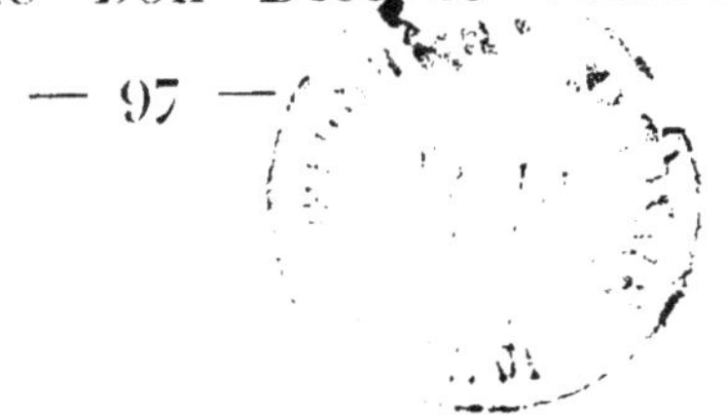

afin que je puisse mieux remplir tous les devoirs de mon ministère et que je ne sois plus obligé de prendre soin de ma pauvre santé.

14 Octobre.

Je reçois une lettre de mon père et de ma mère. Tous les deux se réjouissent de savoir que ma tournée en Franche-Comté m'a été salutaire et agréable, d'autant plus que le temps n'a guère cessé d'être mauvais. Le pauvre Hippolyte se voit privé des plaisirs de la chasse. Mon frère Emile vient d'arriver à Marseille auprès d'Alfred et de notre sœur Eugénie. Mon père m'annonce qu'il vendange, mais qu'il y a peu de raisin. Ils ont hâte tous deux d'avoir des nouvelles de Paul. Je vais m'empresser de leur en envoyer.

20 Novembre.

Mon père m'écrit qu'il a reçu nos lettres avec grande joie, qu'il lui est très agréable de nous savoir réunis et vivant en bons frères ; il se console un peu de l'absence de Paul et d'Hippolyte en pensant que je me plais à les entourer de soins affectueux et me dit qu'il leur a recommandé d'avoir pour moi les plus grands égards et de suivre, avec la plus grande docilité, les bons conseils que je leur donne. Il trouve qu'ils ne sauraient se montrer assez dévoués et reconnaissants envers le meilleur des frères...

Je prie Dieu de faire en sorte que ces éloges fussent vraiment mérités ! Ah ! sans doute, je désire ardemment travailler au bien de mes chers frères et leur rendre aussi doux et agréable que possible le temps qu'ils passeront près de moi. Mais moi aussi j'y trouve mon compte ; moi aussi je dois me montrer dévoué et reconnaissant envers eux, car leur présence charme ma solitude et je n'ai qu'à me louer de leurs procédés à mon égard.

8 Décembre

Communion générale. — Comme c'est émouvant le spectacle d'une église remplie d'hommes recueillis, s'avançant à l'autel et y recevant leur Dieu!

23 Décembre.

Le dernier discours de M. L*** sur la prêtrise m'a beaucoup ému. Qu'un prêtre est grand aux yeux de la foi; lui qui est en réalité, par ses fonctions et ses pouvoirs, un Jésus-Christ sur la terre: « *Sacerdotem oportet offerre... benedicere... præesse... prædicare... et baptizare...* ». Sa vertu propre, c'est la charité: « *Accipe vestem sacerdotalem, per quam charitas intelligitur;* » l'amour de Dieu... l'amour de ses frères en qui vit ou doit vivre Jésus-Christ. — Son modèle c'est Marie...

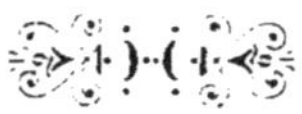

1861.

Le bon M. Milochau m'a donné enfin de ses nouvelles. Sa lettre m'arrive de Rome et m'apporte ses vœux de bonne année pour mes frères et pour moi. Il considère que l'avenir de l'Europe entière est bien sombre. Il lui semble que la France et l'Italie ne tarderont pas à tomber dans un état d'anarchie semblable à celui dans lequel se débat sans espoir l'Amérique méridionale. Une seule puissance restera debout au milieu de la ruine universelle : l'Eglise.

17 Janvier
10 h. 1/2 du soir.

Le Saint Sacrement sera encore exposé jusqu'à demain soir, dernier jour du Triduum. Ce matin les jeunes filles de la Confrérie, à genoux sur des prie-Dieu dans le chœur, en robe bleue et en voile blanc, assistaient à la sainte Messe de 8 heures en chantant de beaux cantiques ; je ne pouvais me lasser de les entendre. Il me semblait être revenu au beau jour de ma première Communion; mon cœur battait avec la même force et mon âme s'élevait doucement à Jésus-Christ sur les ailes de la foi et de l'amour.

Messieurs les confrères de l'Adoration nocturne prient, à cette heure, prosternés devant le trône de l'humble Agneau de Dieu et des hommes. Qu'ils sont heureux de se relever ainsi, sans interruption toute, la nuit, dans cette sainte veille! que de grâces le bon Dieu doit accorder à leurs fervents désirs! que de

bien doit en rejaillir sur nous !... Hélas!
au lieu d'aller me livrer au repos, ma
place ne serait-elle pas au milieu d'eux?
A qui Jésus-Christ a-t-il confié la garde
et l'adoration de son aimable Sacrement
sinon à ses prêtres, à ses consécrateurs,
à ses amis?... ah! du moins, que mon
cœur veille à ses pieds sacrés avec ces
hommes dévoués, plus forts de corps,
plus fervents de cœur, aussi, que moi...
O Jésus, ô la vie de nos âmes, ô la joie
du ciel, pardonnez-moi mes offenses in-
nombrables et renouvelez-moi dans l'esprit de votre Sacerdoce. Je lis en ce
moment, avec grande édification, la vie
d'un de vos plus saints imitateurs; je
vois les effets merveilleux de son zèle
trasformer, on peut le dire, le monde entier, par les œuvres des missions, des
retraites, des conférences ecclésiastiques,
des séminaires. Je suis forcé de me rappeler, avec saint Vincent de Paul, mes
maîtres de Saint-Sulpice, que vous ani-
mez de son esprit, qui est toujours votre

esprit de sagesse, de piété, de science humble et pleine de charité... Je rougis d'être si loin de l'idéal qu'ils m'avaient montré, que j'avais conçu, que je voulais réaliser... O Seigneur Jésus si vous le voulez, vous pouvez me guérir..., me ressusciter..., me transfigurer... Je vous demande bien humblement de devenir un saint prêtre, un homme de Dieu, un de ceux dont vous avez dit qu'ils sont toujours avec vous, qu'ils auront à souffrir pour votre amour en ce monde ; mais qu'ils triompheront de tous les tourments par la force de leur charité et qu'ils posséderont leur âme dans la patience...

Résolution. Je serai plus fidèle à me lever de bonne heure, afin de faire une demi-heure de méditation avant la sainte Messe.

15 Février.

Lundi. — Dernier jour de l'Adoration.

La clôture a été fort belle : beaucoup d'hommes à la procession... L'Eglise pleine de fidèles, toute étincelante de lumières... Peu à peu, la foule s'est retirée... les derniers sons de l'orgue ont expiré et les lumières se sont éteintes... Resté seul dans le chœur, je pensais à ce triomphe de l'Eucharistie et je priais le Dieu caché qui y réside d'avoir pitié de ses enfants... de son Eglise... de ses prêtres... de moi, pauvre pécheur, trois fois indigne d'être son ministre... O Jésus, qui voyez mon âme, qui savez l'ardeur de mon pauvre cœur, soyez toujours ma source d'eau vive, le puits profond d'où je me tire l'innocence, la paix, le salut de mes frères et le mien... Oh! faites que j'aime à vivre comme vous, dans l'obscurité, l'humiliation, le mépris!... Quand sera-ce, ô mon Dieu, que mon corps étant soumis à votre esprit, je posséderai mon âme dans votre saint amour ?... Au moins j'accepte l'épreuve présente, et j'espère en triompher avec le secours de votre grâce...

Ainsi soit-il!...

1861

13 Mars.

Madame S*** me prie de passer chez le pauvre Richeux, (rue des Lavandières Sainte-Opportune). Ce brave homme est aveugle et il vient de subir une cruelle opération. Il a beaucoup de courage, mais il a besoin d'être affermi dans ses sentiments de foi. Je vais aller le voir et le consoler de mon mieux... Que Dieu accorde à ce malheureux la soumission la plus parfaite à sa volonté, soumission bien méritoire dans une si cruelle épreuve.

17 Mars.

Je reçois, par mon père, de bonnes nouvelles de S... Il me dit qu'il est heureux de savoir que mes frères travaillent bien et m'aiment bien. Il me félicite de prêcher souvent la parole de Dieu et désire que le bon grain que je sème avec tant de conviction fructifie de plus en plus... O mon Jésus ! faites qu'il en soit ainsi!... faites que mes pauvres efforts réussissent à établir votre règne dans les âmes !...

31 Mars.
Jour de Pâques.

Encore une fête de Pâques passée !... C'est la quatrième que je vois à Saint-Germain. C'est la trentième de ma vie. Ne sera-t-elle point la dernière ? Dieu le sait, mais la dernière ou non, elle m'impose le devoir de la reconnaissance, et m'avertit de mener une vie plus sainte.

6 Juin.

Le bon abbé Deslais m'écrit qu'il m'attend et me recevra à bras ouverts. Ce cher ami!... je serais bien heureux de le revoir et de m'entretenir quelques bons moments avec lui.

9 Juin.

Je pars de Saint-Germain l'Auxerrois à 4 h. 3/4 accompagné de Joseph et d'Hippolyte. — A minuit, j'arrive au Mans chez M. Deslais, Curé de la Couture...

Lundi et *Mardi.*

Séjour au Mans : visite de la Cathédrale ; de l'église du Pré ; de l'église de la Couture...

Mardi.

A 3 h. je pars pour Laval où j'arrive à 6 h. 1/2. L'abbé Sauvé m'attendait à la gare... Promenade vers la Cathédrale, le palais épiscopal, l'église de l'Épine...

12 JUIN.
Mercredi.

De Laval à Rennes, je descends chez M. Guitton — à 9 heures départ pour Lamballe où j'arrive à 4 h. 3/4.

13 JUIN.
Jeudi.

1er jour à la Villeneuve — M. de Kergù.

1861

14 Juin.
Vendredi.

Au bord de la mer, à Davoust...

16 Juin.
Dimanche.

Comme les jours précédents, je vais
dire la messe à Lamballe ...

17 Juin.
Lundi.

Excursion à Saint-Cat par Matignon...

18 Juin.
Mardi.

Coucher à Matignon — Visité au phare
du cap de première grandeur ; coup
d'œil magnifique, côtes de Jersey, de
Saint-Malo — Rochers semblables à des
murs cyclopéens artistement creusés en
forme de tours, de remparts, par les flots.
— Chapelle de Marie inachevée.

19 Juin.
Mercredi.

Déjeuner et après-midi avec M. S***
ex-polytecnicien. (*né en 1808*) homme
instruit, foncièrement religieux, irrépro-
chable dans sa vie moins de célibataire
que de moine, aux manières polies avec
distinction, curieux de savoir, plus ami
de l'ordre public que de son repos. (Pendant l'émeute de *** M. S*** fut le premier à marcher le fusil sur l'épaule contre
les méchants).La sérénité de son visage,
la douceur virginale de son sourire reflè-
tent la candeur de son âme dont les graves pensées se montrent à découvert sur
son front large et dénudé. Les cheveux
qui lui restent sont tout blancs. On
est heureux et fier de rencontrer sur son
chemin de pareilles natures. Leur vue
est une consolation. Leur commerce doit
réconcilier avec les hommes...

1861

20 Juin.
Jeudi.

Dans la soirée visite à Lamballe, à M.
le recteur de Saint-Martin... à M. S***
chez lequel viennent après moi M. Pierre
S*** son oncle, beau vieillard de 76 ans,
et M. de la M***, très aimable chrétien...

21 Juin.
Vendredi.

A 6 heures, départ en voiture décou-
verte, avec M. de Kergû, pour Brest...
Orage; foudre tombée à quelques pas
de nous sur un buisson qui borde la
route, choc électrique qui secoue vigoureusement nos bras pendant que nous
tenons nos parapluies... Réflexions sur
ce qui se serait passé à notre sujet si
nous eussions été tués... Nous nous
arrêtons à Ifigniac où je vais entendre la
messe et communier. Bonté du Curé,
vieillard vénérable qui m'offre à déjeu-

ner... Nous arrivons à Saint-Brieuc vers 9 h. 1/2. Visite au Couvent du **Sacré-Cœur**, Béatrix de Kergù, grande et bonne jeune fille... Mme de Keriadec, supérieure, à l'œil spirituel et à l'air plein de franchise... — A 1 h. 1/2, je fais mes adieux et je pars pour Brest, où j'arrive à 3 heures.

22 JUIN.
Samedi.

A 9 heures, je vais dire la messe à Saint-Louis, une des trois paroisses de Brest, église peu remarquable comme monument, beaucoup plus, par le nombre et la piété des fidèles que j'y ai rencontrés. — Première visite au port avec M. H***, ingénieur du service hydraulique du port maritime... J'assiste au coulage d'une pièce dans les ateliers; au lancement à la mer d'une frégate; après mon dîner solitaire à l'hôtel, soirée et conversation politique avec M. H***. Pauvres jeunes gens! Comme il faudrait

leur donner à lire de bons auteurs pour
les préserver des idées funestes dont ils
se nourissent! comme ils sont prévenus
contre le clergé, comme ils épousent les
passions du siècle! comme ils nous
jugent incapables de donner au peuple
l'instruction dont il a besoin... En assistant à l'explosion d'une mine sous-ma-
rine je me suis dit que les idées modernes finiraient par faire éclater aussi ces
têtes de savants impies.

23 Juin.
Dimanche.

Messe à Saint-Louis, à 8 h. 1/2. — M. le
Curé m'apprend la nomination officielle
à l'Évéché de Marseille de M. Cruice, en
remplacement de M. Deguerry, curé de
la Madeleine, démissionnaire. M. Henry
vient me prendre à 11 h. 1/2. — Nous
assistons à la bénédiction du nouveau
pont. — Ce pont est à 25 ou 30 mètres
au-dessus de l'eau; il a 175 mètres d'une
rive à l'autre rive; 107 mètres d'une culée

à l'autre culée il relie Brest à Recouvrance séparée de lui par la mer, ou plutôt par la rivière qui forme le port; enfin il a coûté trois millions à l'Etat et à la ville. Dans l'après-midi, visite à l'hôpital maritime qui est parfaitement installé...

24 Juin.
Lundi.

Fête de saint Jean. A Saint-Louis grand'messe solennelle ; à 10 heures affluence à l'église. — A midi départ sur un petit vapeur de service pour le Pardon de saint Jean dans la rivière de Landerneau. — Ce Pardon est un concours populaire à une petite chapelle, dite de Saint-Jean, du village de Plougastel; la physionomie générale est curieuse : on y voit des Bretons avec leurs costumes pittoresques, leurs cheveux longs par derrière, leurs immenses chapeaux à deux cornes ornés de rubans et d'une boucle d'acier, leurs saies blanches, leurs étages de gilets et leurs vestes de diverses couleurs... La foule est compacte aux alentours de l'église et de la grève où les bateaux à vapeur et une véritable armée de petites embarcations apportent et remportent un flux et un reflux de visiteurs, simples curieux ou pélerins... A 3 heures, la cloche annonce les Vêpres suivies d'une procession signalée par quelques coups de canon qu'on tire dans un bateau de la douane... A 4 heures nous partons dans une péniche pour aller au Calvaire de Plougastel...

De Plougastel à Auray, j'ai eu le mauvais esprit de faire ce grand trajet par la diligence...

Quimper. — J'admire l'extérieur de sa belle cathédrale, église gothique du XIVme siècle avec ses fenètres resserrées mais très élevées, avec ses deux tours surmontées de flèches qui s'élancent vers le ciel.

Lorient imite assez bien la grande ville... son port ressemble à celui de Brest...

Auray est un bourg insignifiant et qui ne tire sa renommée que du pélerinage de Sainte-Anne, chapelle située à 6 kilomètres où j'ai eu le bonheur de célébrer le saint Sacrifice. Auray est célèbre aussi par le triste souvenir des victimes de Quiberon (1795) souvenir immortalisé dans le champ des martyrs par une petite chapelle sur le fronton de laquelle on a écrit ces mots significatifs: « *Hic ceciderunt.* »

Vannes est trop loin de la mer pour avoir un port convenable... sa cathédrale n'a rien de remarquable... Les R. P. Jésuites possèdent un superbe collège où rien ne manque... Aussi ont-ils nombre d'élèves et font-ils au collège communal une rude concurrence: « Il ne vit plus, nous disait un Père, que par l'espérance de nous voir mourir... »

28 Juin.

Départ de Vannes en diligence.... — Nantes ; j'y reste jusqu'au dimanche soir, 3o Juin. Je retrouve à l'Évêché l'abbé La Guibourgère, M. Laborde, excellents amis. Je fais connaissance avec M. Picaud et M. Vincent secrétaires. Mgr Jacquemet est plein de bonté pour moi ; je dîne avec lui dimanche soir... Je pars de Nantes que j'ai assez bien parcouru, où j'ai visité plusieurs bons amis... Je traverse Angers, Tours et Orléans en chemin de fer. Je reste 3 heures à Paris et me voici à Clermont-sur-Oise chez cette excellente Anaïs qui s'ingénie, ainsi que son mari, à me faire terminer agréablement mes vacances...

Clermont est une jolie petite ville de province, bien située le long d'une montagne sur les flancs de laquelle s'étagent de blanches maisons séparées par des jardins. L'église s'élève aux trois quarts du sommet, entre l'hôtel de ville crénelé et l'antique château où naquit le sixième fils de saint Louis, Robert de Clermont, devenu chef de la troisième maison de Bourbon par son mariage avec

Béatrix, héritière de la deuxième. Ce château a été transformé en prison où sont renfermées des femmes coupables... je l'ai visitée en détail. J'en suis sorti le cœur gros de soupirs... Et voilà cependant où mène l'inconduite!... l'oubli de Dieu!... l'entraînement des passions!... Hommes sans cœur, qui vous faites un jeu de séduire de pauvres filles sans expérience, allez donc visiter quelquefois cette triste demeure, vous y trouverez un spectacle qui, peut-être, vous attendrira... car, enfin, c'est par votre faute que la plupart y sont détenues, condamnées au silence et au travail, et placées sous une règle sévère dont l'infraction est aussitôt punie que commise...

A Clermont, j'ai fait la connaissance de quelques personnes distinguées. Puis, profitant de la proximité de Beauvais, je suis allé passer une journée chez mon ami l'abbé Pillon, professeur au grand Séminaire...

De Beauvais, je me suis rendu à Bou-

chain pour baptiser le fils d'Alphonse
Jansson... Je rentre à Clermont par
Douai et Amiens...

10 Juillet.

Il faut que tout ait une fin ici-bas. Je
mets un terme à ce mois de vacances en
rentrant à 10 h. 1/2 au presbytère de
Saint-Germain-l'Auxerrois. Dès le lendemain recommence, pour moi, la vie un
peu monotone des vicaires de paroisse
à Paris... Oh! que je regrette de ne pouvoir, à cause de ma mauvaise santé,
partager le sort de certains de mes amis
et entrer comme eux dans les Séminaires
ou les Ordres religieux!... Si du moins,
nous prêtres séculiers, puisque c'est
ainsi qu'on nous appelle, nous tâchions
de vivre un peu en communauté; de ne
pas loger seulement sous le même toit,
mais de nous voir, de nous exciter au
bien par des conversations édifiantes, de
nous retremper dans l'étude et l'amour
de Dieu par des exemples continuels!...

Ah! pourquoi faut-il que nous restions si isolés, et, par là même si exposés à tomber dans la tristesse et le découragement. *Vœ soli!*... En vain désire-t-on le bien; en vain possède-t-on, avec la jeunesse, la sainte ardeur de l'étude, la noble émulation des âmes... La vie que les hommes et les choses nous forcent à mener à Paris, le manque d'union entre confrères, le dégoût d'un ministère trop souvent matérialisé, la fréquentation des laïques, la lecture d'ouvrages quelquefois dangereux... tout se réunit pour nous affaiblir, nous attiédir... On s'étonne dans le monde de ce qui arrive parfois aux prêtres... hélas! pour éviter les chutes, pour surmonter l'égoïsme dans un milieu si peu ecclésiastique, il faut être un saint, ni plus ni moins. Aussi tiendrai-je comme un saint, le prêtre de paroisse qui aurait conservé, au milieu de la tristesse de son intérieur solitaire, l'amour de la retraite et du recueillement, la simplicité des mœurs,

la générosité de ses premières années
au service de Dieu...

Je sens bien, par ma propre expérience
que mon âme a perdu de sa vigueur; et
que j'aurais besoin de la fréquentation de
saints prêtres pour ne pas déchoir de
ma sublime vocation... Plus je réfléchis
et plus je me convaincs qu'il nous est
indispensable de nous resserrer, de nous
unir. L'exemple de Notre-Seigneur et de
ses Apôtres, celui des premiers Évêques
et des Saints de tous les siècles me don-
nent plus que raison à ce sujet... Chose
profondément triste ! Quand on parle de
vie commune on n'est pas compris.
Autres temps, autres mœurs, dit-on. Je
ne m'en aperçois que trop.

Que ferai-je donc ? — Se résigner à
un mal nécessaire est bien; tirer le bien
de ce mal est encore mieux. Par conséquent, au lieu de me laisser aller à des
regrets superflus, à des plaintes inutiles,
à des projets impossibles, je veux me
faire de bons amis de mes livres ecclé-

siastiques. Je lirai et relirai l'histoire de l'Eglise dont la connaissance est si nécessaire au prêtre. Je méditerai les Saintes Ecritures dont les pages recevaient, chaque soir, les derniers regards de Népotien. Je m'instruirai ainsi, dans le commerce de Dieu et des morts, des intérêts des vivants: heureux d'acheter par l'étude et la piété qui est utile à tout, l'oubli du monde et de moi-même, l'amour de Dieu, la connaissance de la religion, la véritable philosophie du chrétien, le dévouement sans bornes aux âmes rachetées par le sang de Jésus-Christ.

5 Aout.

Ma cousine R***, en religion sœur Marie-Stanislas m'écrit de son monastère de B... une intéressante lettre. Elle m'apprend qu'elle est obligée de faire bâtir de nouvelles constructions, les anciennes ne suffisant plus à contenir les élèves dont le nombre va toujours croissant. Le climat de la Bourgogne lui convient bien. Elle a reçu des nouvelles de son frère l'Abbé et de leur mère R***. Enfin elle m'invite à aller la voir pendant mes vacances.

8 Septembre.

Fête de la Nativité de la sainte Vierge.

Ce soir, je suis allé à Issy, où j'ai dîné au Séminaire en compagnie de plusieurs confrères (M. M. Lebas, Leclerc, Coullié, Harthman, Descourtils). M. Carbon, ce digne père d'un si grand nombre d'entre nous, a voulu prendre part à cette fête. Je crains que ce ne soit pour la dernière fois. Il est très affaibli, et sa belle tête blanche courbée par l'âge et la maladie incline sensiblement vers la terre... Son frère, ancien universitaire je crois, soutenait de son bras, presque aussi caduc que le sien, ses pas chancelants... Ces bons vieillards, représentant à eux deux plus d'un siècle et demi, couronnés de vertus autant que de cheveux blancs, priant, confondus dans la foule et appuyés l'un sur l'autre; étaient pour moi un spectacle que je ne me lassais pas de contempler. Bon P. Carbon, vous vous souviendrez de moi, quand vous serez au ciel!... M. Carrière, M. Pinaud, M. Dugrais... semblent rajeunir. Hommes vénérables!... Auprès de vous, l'âme est à l'aise. Elle se meut dans une atmosphère de candeur qui lui fait du bien. Elle se dilate; elle reprend confiance dans l'avenir; elle se dit, en s'animant à la vertu chrétienne : « Allons! sois courageuse, voilà des Saints qui te montrent joyeusement la route. — Je suis heureux d'avoir retrouvé un ami dans M. Lebas. Je tâcherai d'aller le voir à Saint-Sulpice, à l'heure des récréations.

22 Septembre.

9 h. du soir. — C'est hier que s'est heureusement terminée notre retraite ecclésiastique. Nous l'avons faite sous la présidence de Mgr le Cardinal, au

grand Séminaire de Saint-Sulpice, et
elle nous a été prêchée par un saint
religieux vicaire général de Toulouse,
le P. Causette. Elle a duré sept jours
qui se sont envolés, en quelque sorte,
tant ils m'ont paru courts ! J'avais le
bonheur d'être logé à deux pas de notre
bon M. Boiteux qui en suivait lui-même
les exercices, et j'ai retrouvé mille douces et pieuses émotions dans cette petite
cellule, sous ces cloîtres et dans cette
chère chapelle où s'est écoulée mon enfance cléricale. La retraite est vraiment
une grande grâce du bon Dieu et elle sert
merveilleusement à retremper les âmes,
les âmes mêmes Sacerdotales, qui se
trouvant hélas obligés de marcher de
compagnie, comme les autres, avec un
corps de boue et de péché, se détrem-
pent peu à peu et s'émousseraient tout
à fait à la longue, sans les précieuses
influences de la retraite.

19 Octobre.

A 10 heures Convoi, service et enterrement de la sœur Olivier, Supérieure des filles de la Charité à Saint-Germain-l'Auxerrois.

La sœur Olivier était si aimée!... Depuis 44 ans elle résidait dans la paroisse, vaquant sans cesse à l'exercice de la charité... Ce que j'admirais en elle c'était la simplicité douce et noble avec laquelle elle recevait les grands et les petits. Personnellement, je lui étais très attaché, et je la regrette vivement pour les pauvres qui l'ont pleurée comme une mère. Le bon Dieu lui a épargné les horreurs de la mort qu'elle redoutait. L'attaque qui l'a mise au lit et conduite au tombeau, l'avait tout à fait paralysée; elle n'a recouvré un peu de connaissance que pour recevoir le saint Viatique, et pour répondre au R. P. Etienne et à la Mère générale qui sont venus la visiter. Je suis persuadé qu'après une vie si courageusement immolée au service des enfants, des malades et des pauvres, elle est entrée dans le ciel où Dieu la récompense au centuple...

Et je ne puis me lasser de répéter cette parole : « *Beati mortui qui in Domino moriuntur... Moriatur anima mea morte justorum !...* Amen.

3 Novembre.

Je reçois de mon bon père la lettre suivante : «Ce sont des jours bien solennels, mon cher fils, que le jour de la Toussaint et celui des Morts, aussi ta bonne mère, tes frères et tes sœurs, l'ont-ils fêté avec grande foi et recueillement. Elise et Joséphine ont eu le bonheur de faire la sainte Communion, et moi-même avais joui de ce bonheur quelques jours auparavant, en faisant célébrer une messe à laquelle tout le monde a assisté. S'il est un devoir pieux, c'est celui que nous avons à remplir envers les morts; et, ce qui me console, c'est que tu es heureux de prier sans cesse pour eux. La prière pour les morts est d'autant plus salutaire qu'elle nous rappelle notre néant, nous fait rentrer sérieusement en nous-mêmes, en nous avertissant qu'il en sera bientôt fait de nous, et que bientôt, nous irons rejoindre nos pères. Prions donc sans cesse pour ceux qui nous ont aimés et se sont imposé toutes sortes de sacrifices pour nous rendre heureux. Ta lettre, très spirituelle au commencement, et devenue grave vers la fin, nous a fait autant de bien que de plaisir. Oui, mon cher fils, le temps passe, s'envole à votre âge. Voilà déjà 13 ans que que tu as consommé ton sacrifice de ton plein gré, et sans contrainte aucune, tu as quitté le monde pour te vouer au service du bon Dieu. Je ne pense pas que tu aies lieu de t'en repentir, bien que la vie du prêtre soit austère et commande l'abnégation, le dévouement et le sacrifice perpétuel. Si ta vocation n'avait pas été sincère et exempte de pression ou de sollicitations quelconques, nous pourrions concevoir des craintes sur ton avenir. Mais comme elle n'a été que ton œuvre et l'unique expression de ta volonté, nous n'avons qu'à nous en réjouir, et à remercier le Seigneur de t'avoir choisi pour un de ses zélés et fervents disciples et à le prier de t'accorder les grâces qui te sont indispensables pour remplir ton sublime ministère. Je crois franchement, mon cher fils, en considérant les misères et les sollicitudes de la vie, que tu as choisi la meilleure part de l'héritage; et qu'à l'exemple du grand saint Bernard tu en rendras sans cesse des actions de grâces au Seigneur, que tu lui attireras tous les cœurs et surtout ceux de tes frères et sœurs et de tous tes parents... »

Je tiens à conserver ces lignes si pleines de foi et de piété. En les relisant, je me souviendrai de la dette que j'ai con-

tractée envers Dieu, et des devoirs que
je me suis engagé à remplir envers mes
frères.

15 Novembre.

Mon cher Hippolyte craint que je ne
blâme son silence et que je ne le soup-
çonne coupable d'avoir déjà oublié les
bonnes conversations que nous avions
ensemble. Il m'écrit pour me persuader
qu'il n'en est rien et m'assurer que cette
chaude hospitalité, offerte à ses trois
années de droit, sera longtemps présente
à sa mémoire. Il ne semble pas très
satisfait de son genre de vie, et fait, entre
Paris et S...., une comparaison qui n'est
pas tout à fait à l'avantage de ce dernier.
Pauvre frère!... je comprends que ses débuts dans la carrière qu'il a embrassée
lui paraissent un peu rudes; mais il a bon
courage, et avec l'aide de Dieu, il triom-
phera, je l'espère, des difficultés présentes et futures.

1861

26 Décembre.

J'envoie aujourd'hui à mes bien-aimés
parents, à Hippolyte, à Elise, à la petite
infanterie, à tous nos amis de S... mes
vœux de bonnes fêtes de Noël et du jour
de l'an. Je prie ardemment le Seigneur
d'exaucer mes prières pour eux, et aussi.
celles qu'ils font pour moi, en leur accordant à tous les grâces dont ils ont besoin,
et à moi celle que je désire tant, *de
devenir un prêtre selon le Cœur de
Notre Seigneur Jésus-Christ.*

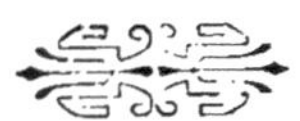

1862.

Le jour de l'an s'est passé sans autre
incident remarquable pour moi qu'un
bon commencement de rhume qui m'a
obligé à rester au lit fort tard. Maintenant je suis à peu près guéri...

J'ai relu ces temps-ci, dans mes heures
de récréation, la Jérusalem délivrée du
Tasse. Ce chef-d'œuvre de chrétienne
imagination m'a paru vraiment admirable et m'a fait ressentir un goût plus vif
encore pour la belle littérature italienne.

1862

3o Janvier.

Depuis le commencement de l'année, j'ai
reçu des lettres de mes trois bons amis:
l'abbé R***, toujours aussi affectueux,
qui m'envoie ses vœux de confrère dévoué; l'abbé Pasteur, vicaire à Clairval,
qui me donne des nouvelles de plusieurs
curés de nos amis, et me charge de
transmettre ses vœux et compliments à
mes frères; enfin le cher abbé J*** me
remercie de l'avoir muni d'intentions de
messes et déclare qu'il n'a plus rien à
me demander, sinon de croire toujours
à son fidèle attachement. J'ai reçu aussi
des nouvelles de nos bons parents. Il est
question de mariage pour ma sœur Elise.
Je vais bien prier pour cette chère sœur.

1o Février.

Mon père et Hippolyte m'annoncent
qu'une entrevue a eu lieu entre Elise et
son prétendu. De son côté ma sœur m'é-
crit qu'elle ne sait si elle doit dire *oui*

ou *non*. Elle me prie de lui donner mon avis. Je vais lui répondre de suivre celui de nos parents qui sont bien plus à même que moi d'apprécier ce qu'elle doit faire: que le bon Dieu les éclaire et leur accorde les inspirations dont ils ont besoin!

13 Février.

O mon Dieu, ô Jésus, ô vous, Souverain Prêtre et Sainte Victime de nos autels, vous que j'ai l'honneur, tout indigne que j'en suis, de représenter auprès des fidèles, pardonnez-moi, je vous en conjure avec larmes, d'avoir fait si peu de bien et tant de mal aux âmes depuis que j'exerce le saint ministère. Accordez-moi la ferveur des temps passés; ravivez en moi l'esprit sacerdotal, l'esprit de mortification et de sacrifice. Que je voudrais être un prêtre selon votre cœur! ah! sans vous je ne le deviendrai jamais! Ayez donc, ô mon Dieu, ayez pitié de moi!...

1862

Résolution : Fidélité à mon règlement
« *Qui regula vivit, Deo vivit.* »
Auspice Maria !

3o Avril.

Je reçois d'une personne qui m'est
absolument inconnue et qui ne me donne
pas son adresse, la lettre que voici :
« Tout à Jésus.

« J'ai souvent en ma vie entendu sur la
reconnaissance les discours les plus tou-
chants.

« Tout ce que j'en pourrais dire serait
une si faible répétition et si loin surtout
d'exprimer ce sentiment dans toute sa
force, que je n'oserais jamais en parler.
Mais il a été dit de la reconnaissance
qu'elle était lourde à porter, et c'est bien
ce que l'on en peut dire de plus vrai : le
besoin de l'exprimer est parfois si pres-
sant qu'il triomphe de toutes les hési-
tations.

« J'ai bien hésité en effet, je l'avoue, et
c'est bien timidement, monsieur l'abbé,

que je viens vous dire merci : je veux parler de la retraite pascale que vous nous avez faite à 6 heures du matin. Je vous remercie, moi, particulièment, pour le bien que vos bonnes et admirables méditations ont fait à mon âme.

« Je vous remercie au nom de toutes celles qui ont entendu votre parole et qui toutes en ont été impressionnées.

« Je vous remercie, monsieur l'abbé, parce que, dans votre auditoire, il y avait quelques âmes qui, depuis longtemps, ne connaissaient plus la fête de Pâques et qui ignoraient encore mieux que dans toute l'Église il se fait une retraite pour s'y préparer.

« Oh ! oui, merci pour ces âmes que je connais et qui me sont chères, car elles ne l'oublieront plus : à la fin de cette heureuse retraite ces âmes ont pris cette résolution.

« Maintenant, monsieur l'abbé, il .me reste à vous dire qui je suis. Non pas que j'aie la moindre intention de me faire connaître; mais je sais qu'un anonyme est mal reçu.

« Je faisais partie de votre auditoire de 6 heures du matin qui était en général composé de pauvres et humbles domestiques. Je fais également partie de cette classe. Je sers depuis deux ans dans une maison de la paroisse Saint-Germain l'Auxerrois, et mon retour dans la voie du Seigneur ne date pas de plus loin.

« Ce retour est désormais irrévocable. Je passe ma vie maintenant à regretter de ne l'avoir pas connu plus tôt, ou pour mieux dire, je déplore de m'en être éloignée. Mais je remercie le bon Dieu, je l'aime de toutes mes forces, et je lui rends grâces d'avoir donné à son Eglise des prêtres si dévoués dont le seul but sur la terre est de lui ramener les pauvres âmes égarées. Merci, merci! »

Cette lettre qui m'a touché, je l'avoue, est signée : *Cinthye*. Je ne connais personne de ce nom : puisse la pauvre et pieuse fille qui l'a écrite dire la vérité !...

Puissé-je ramener au bon Dieu quelques âmes égarées ! c'est le but de tous mes désirs ; que Jésus m'accorde cette grande grâce !

MAI.

Première Communion de Gabriel D***. — Hier, veille de l'Ascension, le jeune Gabriel, fils de notre respectable ami M. D***, a fait sa première Communion, dans la chapelle du collège Stanislas. C'est des mains de Mgr de Ségur qu'il a eu le bonheur de recevoir son Dieu… Invités au festin de famille, nous avons joui du délicieux spectacle d'un enfant transfiguré par la grâce de la divine Eucharistie. Je ne me souviens pas d'avoir vu un front plus pur, des yeux plus heureux, un sourire plus aimable, d'avoir entendu des paroles plus manistement inspirées par l'Esprit-Saint. Si le bon Dieu appelait ce cher enfant au Sacerdoce, quelle joie pour mon cœur de le nommer, un jour, mon frère !…

Quel bonheur pour son père si chrétien, pour ses pieuses sœurs, pour toute l'Eglise!...

O Jésus, notre aimable Sauveur, tenez toujours son cœur dans vos mains; gardez-le comme la prunelle de vos yeux... préservez-le du mal... donnez-lui, ô Sauveur aimé, un nom nouveau, le nom de vos prêtres... le nom sacré de vos amis... — O Marie, souvenez-vous qu'il n'a jamais connu les caresses maternelles; que les vôtres, qui lui sont si chères, lui en tiennent toujours lieu.

Amen.

7 Mai.

J'écris aujourd'hui à mon père pour lui dire combien je suis heureux de voir qu'il a définitivement arrêté le mariage de ma chère sœur Elise avec M. B*** et lui annoncer que je compte partir de Paris pour S*** le soir du jour de la Pentecôte, que j'y arriverai mardi matin et et que je pourrai, par conséquent, bénir les chers futurs époux soit le mercredi, soit le jeudi ou le samedi suivant... Emile et moi nous sommes bien désireux d'offrir à la jeune mariée un cadeau utile. Il nous semble qu'un piano offrirait cet avantage et nous avons résolu de mettre nos économies en commun pour en acheter un à notre bonne Elise...

31 Mai.

Mes chers petits enfants de la première Communion m'ont fait parvenir aujourd'hui cette lettre que je transcris ici pour conserver le souvenir des pieux sentiments qu'elle renferme :

Monsieur.

Nous sommes heureuses de pouvoir vous exprimer toute notre gratitude pour les soins assidus dont nous avons été l'objet pendant cette année de catéchisme. Nous n'oublierons jamais votre sollicitude pour le bien de nos âmes, et l'on verra dans toute notre conduite, dans toute notre vie même, l'heureuse influence des pieux enseignements que nous avons reçus au catéchisme; c'est là le moyen que nous voulons prendre pour vous prouver notre reconnaissance.

A la veille du plus grand jour de notre vie où le petit Jésus va descendre dans nos cœurs, permettez-nous, Monsieur, de réclamer le secours de vos saintes prières, afin que Dieu nous pardonne toutes nos fautes et que nous ayions l'incomparable bonheur de faire une fervente première Communion.

Notre joie serait complète si vous étiez assez bon pour dire la Sainte-Messe pour nous, car nous sommes persuadées que le bon Dieu ne pourrait rien refuser à vos ferventes prières; de notre côté nous prierons de tout notre cœur afin que Dieu vous bénisse et qu'il vous donne, même en ce monde, tout le bonheur que méritent si bien vos vertus.

Daignez agréer, Monsieur, l'expression de notre profond respect.

Suivent les signatures.

7 Juin.

Madame B*** m'écrit pour me remercier des soins que j'ai donnés à l'âme de son enfant. Elle croit ne pouvoir se dispenser de m'en témoigner sa gratitude. Mais Dieu seul est bon et lui seul mérite toute notre reconnaissance. Je tâcherai, à l'occasion, de le faire comprendre à cette pauvre mère.

Juillet.

Je suis arrivé hier soir de Marseille... J'ai laissé dans cette grande ville, le P. Joseph (connu à Saint-Sulpice sous le nom de M. Duplessis de Grenedan), saint jeune homme, que sa délicate santé met chaque année en péril de perdre une vie qu'il a cachée dans le cloître des victimes de Jésus : L'abbé Chol lui écrivait souvent comme à son cher compagnon de souffrances. Maintenant qu'il est au ciel, il prie sans doute le bon Dieu d'abréger l'exil de son ami, et peut-être... mais je l'aime trop pour redouter sa mort prochaine. Pour qui sait les ennuis de cette terre, la vie future seule est désirable... « *O quando sancta se dabit quæ nescit hostem patria!...* »

Ce sentiment s'accroît en moi par *la vue,* j'allais dire le *toucher* de la vanité des plus douces choses. Quoi de plus doux que la famille ! et pourtant, dans la famille même, que de sujets de peine et d'inquiétude ! J'ai eu la joie de marier ma sœur Élise, et j'ai eu la douleur de voir couler ses larmes quand il lui a fallu s'éloigner de la maison paternelle, s'arracher aux étreintes de notre mère... J'ai pleuré de joie en assistant à la première Communion d'Ernestine, et mon cœur s'est serré de tristesse en pensant à l'indifférence de... Partout j'ai rencontré autant de motifs de consolation que de brisements de cœur, et je rentre dans ma solitude sans espoir d'y trouver plus de fixité dans la joie, plus de sécurité contre la douleur et l'épreuve.

O vie de l'homme ici-bas. tu es vraiment un champ de bataille, et le Maître a eu bien raison de nous proposer le ciel comme la récompense d'une perpétuelle et sanglante valeur. Courage. donc, ô mon âme, ô âme chrétienne, âme sacerdotale! nous travaillons avec un crucifix sous les yeux, n'est-ce pas reconnaître la vertu du sacrifice et la nécessité d'une quotidienne immolation? Mais la nature crie, elle se révolte ; elle est lasse de la vertu, du sacrifice, de l'abnégation. Raison de plus pour recevoir Jésus-Christ, notre modèle et notre force. En lui et avec lui nous ferons des miracles, c'est-à-dire que nous resterons jusqu'à la fin de notre carrière digne du nom de victime de Dieu et de l'Eglise, que nous reçumes au jour sacré de notre Sous-Diaconat. « Peu, mais toujours, » me répétait souvent le bon M. Boiteux, peu: hélas ! si, du moins j'avais fait toujours ce peu qu'on exige de moi !... Mais je veux être plus fidèle à l'avenir et vivre chaque jour comme si je devais mourir le soir... « *Euge, serve bone et fidelis, quia super pauca fuisti fidelis, super multa te constituam, intra in gaudium Domini tui.* »

9 Aout.

Je reçois presque en même temps deux nouvelles : l'une heureuse, l'autre douloureuse. — La première m'est envoyée par mon cousin S^te R***. Il m'annonce qu'il a remporté au concours trois premiers prix : Prix d'honneur de discours latin, prix d'honneur de discours français et prix d'excellence. — Le lycée d'Alger est de première classe. — Le cher enfant s'est donc mis sérieusement au travail. Je m'en réjouis vivement pour ses parents et pour lui.

La seconde nouvelle est celle de la mort de la petite fille de ma sœur Eugénie. Les pauvres parents sont plongés dans la douleur, mais le petit ange s'est envolé au ciel. Puisse cette pensée adoucir leur cruel chagrin !

19 Aout.

Le bon abbé Hugonin désire savoir si je me décide à lui offrir mon concours pour les Carmes. Je ne crois pas que la volonté de Dieu m'y appelle; et je continuerai à remplir la tâche qu'il m'a imposée, jusqu'à ce qu'il lui plaise de m'en indiquer une autre par la bouche de mes Supérieurs.

3o Aout.

Après avoir fait un beau voyage en Italie avec son ami Achille, voilà mon frère Joseph parti maintenant, avec le même compagnon, pour l'Angleterre et autres contrées. Que Dieu bénisse les chers voyageurs et les protège en toute occasion !

Je reçois aussi une lettre de ma bonne mère qu'un mal aux yeux a empêchée de m'écrire plus tôt. Elle m'apprend qu'elle n'y voit presque plus. Cette pauvre mère a tant travaillé qu'il n'y a rien d'étonnant que sa vue se soit affaiblie. Heureusement que mes petites sœurs grandissent et qu'elles vont bientôt commencer à l'aider. Ernestine se prépare à faire sa première Communion. Ma chère maman me recommande bien de prier le bon Dieu pour elle. Comment pourrais-je manquer à un devoir si doux ?

6 Septembre.

Mon cher Joseph est arrivé à Aix-la-Chapelle avec son inséparable Achille. Il est dans le ravissement de tout ce qu'il a vu et se propose de me le raconter longuement à son retour.

17 Novembre.

Mon existence est toujours la même; mais je ne sens nul besoin de la changer. J'éprouve toujours beaucoup de plaisir à catéchiser nos enfants de la

Persévérance et de la première Communion, à prêcher aux fidèles, à visiter les
pauvres malades... Que Dieu me donne
seulement la santé suffisante et il ne me
restera qu'à le bénir...

21 Décembre.

Mon ancien condisciple et ami de
Rome, le bon abbé Pillon, m'écrit aujour-
d'hui ces quelques lignes: « Moi, Curé de
Notre-Dame du Thil, près Beauvais,
ci-devant professeur au grand Séminaire,
ex-chapelain de Saint-Louis-des-Français
à Rome, j'arrive chez vous lundi,
22 de ce mois, pour vous donner, enfin,
signe de vie, et vous embrasser de tout
mon cœur. Si nous pouvons causer
ensemble, une minute, je vous raconterai
l'histoire de ma métamorphose. Je suis
curé, et comme preuve, me voilà prêt à
me mettre en route pour enrichir mon
église d'une statue de la sainte Vierge,
d'un lustre et peut-être d'un harmonium.
Du reste, à lundi les détails. Votre

ancien et très silencieux ami, n'est-ce
pas ? » J'attends donc ce brave abbé,
lundi : qu'il vienne sans crainte, je le
recevrai à bras ouverts.

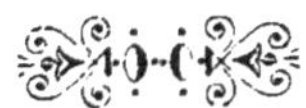

1863.

5 Janvier.

Mon Dieu! qu'est-ce donc que la vie pour se terminer par une fin si douloureuse? ah! que je serais découragé si je n'avais pas le souvenir de vos promesses vivant au milieu de mon cœur, de ce pauvre cœur si profondément affecté de la vue de l'affreux néant de ce monde! O Jésus, mon Sauveur, mon Maître, mon Père, mon Ami, je vous demande pardon de vous avoir si souvent et si cruellement offensé. Ressuscitez, je vous en conjure, dans ma pauvre âme, la grâce de ma sainte vocation... Accordez-moi quelque chose de la générosité de l'abbé Lemée, chapelain de Son Eminence, qui n'attend plus que la conclusion des funérailles de votre pontife, pour entrer définitivement au Séminaire des Missions Etrangères, et se consacrer tout entier aux intérêts de votre gloire, au milieu des nations qui vous ignorent ou vous connaissent à peine... Si votre volonté, ô mon Dieu, est que je reste ici, prêtre de paroisse, faites du moins que je sois un bon prêtre, que je vous sauve quelques âmes, que je sois pour toutes *une odeur de vie pour le Ciel*... Jésus enfant, adoré dans votre pauvre crèche par les Mages d'Orient, ayez pitié de ma misère; je n'ai pas beaucoup d'or à vous offrir... Je devrais pourtant vous aimer tant, et tant aimer, avec vous, mon prochain!... Je ne sais pas bien vous prier; je ne suis pas fort contre moi-même, et je devrais cependant ne pas oublier qu'un prêtre immortifié est un prêtre à moitié damné... O bon, ô aimable, ô miséricordieux Jésus, augmentez ma charité; donnez-moi l'encens de votre prière, un peu de la myrrhe de votre mortification... « *Amore tui vivam et moriar, ô bone Jesu, qui, amore mei, dignatus es nasci, pati et mori...* » Sainte Vierge, saint Joseph, saints Rois Mages priez pour moi... Amen.

Ce soir, vers 3 h. 1/2, j'ai reçu à la sacristie la visite de M. Icard, directeur du Séminaire Saint-Sulpice, en remplacement de M. Carbon... quels bons prêtres ! Si je pouvais un jour leur ressembler...

19 Janvier.

Mon cousin Numa S***, me demande de faire des démarches pour l'aider à obtenir la place qu'il désire de médecin aide-major au 3me régiment de chasseurs d'Afrique. Il se considèrerait, dit-il, comme le plus heureux des mortels, s'il obtenait ce poste. Il m'annonce qu'il ira assister au mariage de Marcel, et qu'il sait combien ce cher cousin aurait désiré que je puisse aller bénir son union.

J'aurais été bien heureux, moi-même, d'effectuer le voyage de Marseille dans ce but, mais je suis enchaîné à Paris par les devoirs de mon ministère et je dois me borner à prier le bon Dieu pour lui et pour tous les siens.

25 Janvier.

Je viens d'écrire à mon cher père pour lui exprimer notre bonheur d'apprendre qu'il va mieux, et que, Dieu aidant, il sera d'ici peu, assez fort pour se lever et reprendre vigoureusement ses promenades et ses travaux habituels. Mes frères et moi nous avons bien prié le bon Dieu de rendre la santé à notre excellent père ; et souvent j'ai dit la sainte Messe à cette intention. J'aurais voulu pouvoir partir pour S... et aider ma pauvre mère, Hippolyte et mes sœurs dans leur rôle dévoué de garde-malade...... M. Boiteux et tous nos autres amis nous ont prêté, en cette occasion, le précieux secours de leurs ferventes prières.

4 Février.

J'apprends avec joie le rétablissement de notre bon père. Je vais lui écrire pour le remercier de nous avoir donné lui-même de ses chères nouvelles et lui dire avec quelle douce émotion nous avons baisé sa bien-aimée signature. J'ai offert (aussitôt que j'ai connu l'amélioration survenue dans son état) une messe d'actions de grâces à l'autel de la sainte-Vierge. C'est avec bonheur que j'en célèbrerai une seconde dans les mêmes sentiments de reconnaissance...

Que notre pauvre maman doit être heureuse maintenant !...

23 Mars.

O mon Dieu! que notre vie est fragile et que la mort est prompte à la briser !... Hier je recevais un petit mot d'Auguste m'invitant, au nom de son père, à aller dîner aujourd'hui, mes frères et moi avec eux: et cette nuit le pauvre commandant était frappé d'une attaque d'apoplexie foudroyante!... Il ne nous reste plus qu'à pleurer avec les membres de sa famille désolée et à recommander instamment son âme à la miséricorde de Dieu : puisse ce Dieu de bonté la recevoir sans retard dans son saint paradis!.

29 Mars.

La Semaine Sainte s'ouvre aujourd'hui pour nous avec un ciel tout couvert de nuages ; le temps semble se mettre ainsi à l'unisson de nos sentiments de tristesse. Espérons, cependant, que le froid ne viendra pas, comme l'année dernière, détruire en une nuit mille germes précieux de fruits déjà éclos au beau soleil de Mars...

Dans une demi-heure, je vais expliquer aux enfants du catéchisme de persévérance les cérémonies de la Semaine Sainte. Ce sujet me rappellera naturellement Rome où je voudrais bien retourner et revoir tant de lieux et de personnes

que j'aime beaucoup. L'abbé Milochau
y est toujours. Il m'est resté bien
dévoué et ne manque point de m'écrire
de temps en temps.

Mercredi est l'anniversaire de mon
Ordination à la prêtrise. Grand jour de
ma vie pourquoi êtes-vous déjà si éloigné de moi?

9 Avril.

Je viens de recevoir une lettre de
S^{te} R*** et une d'Eugène. Ils m'annoncent
le mariage prochain de Marie avec un
jeune lieutenant de vaisseau. Ma petite
cousine désire beaucoup que je fasse
le voyage d'Alger, pour aller bénir son
mariage. Mais les obligations d'un vicaire à Saint-Germain l'Auxerrois ne lui
permettent guère de s'absenter. Et il me
faudra, encore cette fois, me borner à
prier de tout mon cœur pour le bonheur
des jeunes époux.

Mon père m'écrit que si les fêtes de
Noël avaient été célébrées tristement,

celles de Pâques, au contraire, l'ont été
dans la joie et l'allégresse. Ma bonne
mère et mes sœurs vont mieux. Ma
chère Elise est enchantée de son nouveau sort et s'entend au mieux avec son
excellent mari. Hippolyte travaille et
plaide, et mon père est content de lui.
Que Dieu soit loué de récompenser ainsi
les sacrifices de mes chers parents !

AVRIL.

J'ai appris ces jours derniers la mort
de Mgr Baudry, évêque de Périgueux
depuis environ deux ans. Ancien Sulpi-
cien, il m'avait enseigné la morale au
grand Séminaire de Paris. C'était un
homme très singulier d'esprit et de cœur,
d'une rare imagination métaphysique,
très porté à s'absorber dans le mysticisme et à l'inspirer aux autres ; d'un dog-
matisme qui supportait peu les objec-
tions, passionné pour l'enseignement
qu'il transformait souvent en invectives
contre les auteurs qu'il était chargé de

nous expliquer, et qu'il se plaisait à montrer par leurs côtés faibles, et grand faiseur de théories éblouissantes par la manière dont il les présentait, mais qui, en dernière analyse, se réduisaient à peu de chose quand on les dépouillait de leur forme; par ses qualités et ses défauts devenu le maître adoré de beaucoup, et le maître surfait, dangereux même, aux yeux des autres.

Nommé d'abord évêque de Vannes, il avait refusé; mais il accepta l'évêché de Périgueux, où il porta un corps usé par le travail de la pensée et le mysticisme de l'âme. Ses deux années d'épiscopat ont été une longue agonie. Je le regrette personnellement parce qu'il m'avait témoigné une certaine affection, et que je crois qu'il eût continué à Périgueux la tradition des bons évêques. Je me suis demandé plusieurs fois ce qu'il pense au ciel de tous ses systèmes philosophiques et théologiques. Ah! comme il doit s'estimer heureux d'avoir fait le bien et préféré un acte d'humilité et de charité à toutes les plus magnifiques contemplations du mystère de la Sainte-Trinité. Dans le Ciel, il voit la lumière dégagée de toutes les fausses lueurs dont l'entoure notre imagination, lumière délicieuse dans laquelle n'entrent pas toujours les savants de ce monde, mais les doux et humbles de cœur comme Jésus-Christ... Plaise à Dieu m'y donner part un jour avec le cher Mgr Baudry.

Ier JUIN.

La dernière réunion des Catéchismes de Persévérance et de première Communion s'est faite en grande pompe, dans la nef de l'église, sous la présidence de M. le Curé et sous les yeux d'un nombre considérable de paroissiens, parents ou amis des enfants. J'étais chargé de proclamer les noms de celles qui s'étaient le plus distinguées par leurs analyses, leur récitation et leurs réponses. Ces noms n'avaient pas été épargnés sur le cahier d'honneur rédigé par M. l'Abbé Castelnau et pendant plus d'une demi-heure ma voix s'éleva retentissante dans l'église, envoyant une longue série de triomphateurs recevoir, des mains de M. le Curé, de beaux livres et de magnifiques couronnes à la grande satisfaction de tous les assistants.

D'autre part, je viens d'apprendre une bien triste nouvelle... Le capitaine Hippolyte M*** a été tué par un biscaïen, au siège de Puébla, dans la nuit du 7 au 8 avril. Ses sœurs viennent de m'en faire part dans une lettre qui remplit mon âme d'une grande tristesse, car elle m'apprend que ce pauvre ami n'a pas recouvré, un seul instant, sa connaissance pendant les douze heures qu'il a survécu à sa funeste blessure. Et voilà notre vie !... une vapeur qui se dissipe et s'évanouit quand on y pense le moins !... Mais qui nous dit qu'avant d'être blessé, durant cette dernière veille dans les tranchées du siège, ce pauvre et cher capitaine n'a pas eu quelque pressentiment de sa fin imminente ?... Son bon Ange ne pourrait-il pas lui avoir inspiré un élan vers Dieu, un sentiment de regret de ses fautes, et serait-on bien téméraire de croire que son sang, répandu pour la France, a été agréé par le Père des Miséricordes comme une certaine compensation de ses fautes?... Je me réfugie dans ces pensées qui soutiennent la ferveur de mes prières... Demain, je dirai la messe pour lui.

5 Juin.

Jour de grâces... Comme on prie bien dans la Chapelle des Carmélites (*Avenue de Saxe*) en présence du T. S. Sacrement exposé! j'étais seul. J'ai longtemps adoré, prié, médité, écouté les religieuses dont les voix suppliantes m'arrivaient, pleines de l'esprit de Dieu, du fond de leur chœur cloîtré et grillé... J'aurais voulu voir sœur Béatrix (la sœur du pauvre abbé Chol) mais les Carmélites ne reçoivent pas pendant l'Octave du Saint Sacrement.

6 Juin.

Je viens de rendre visite à **M. Carbon.** Ce saint homme m'a embrassé comme un vieil ami et béni avec l'effusion d'un père. « Je croyais mourir, m'a-t-il dit, et j'ai voulu recevoir l'Extrême-Onction ; je ne suis pas mort, mais j'espère que cela ne tardera pas bien longtemps... » Je l'ai quitté les larmes aux yeux...

25 Juin.

Pauvre M. Carbon ! c'est aujourd'hui qu'il est mort ! J'ai bien plus envie de le prier que de prier pour lui. « *Moriatur anima mea morte justorum.* » Mais pour cela il faut vivre de leur vie. « *Imitatores mei estote sicut et ego Christi.* »

27 Juin.

Je suis allé, hier, faire visite à notre nouvel Archevêque. Il m'a reçu avec beaucoup de bienveillance... Mais je n'attends aucune faveur. Tout ce que je demande à notre divin Maître c'est d'aimer, de plus en plus, à vivre ignoré et à n'être compté pour rien...

Notre Fête-Dieu est pluvieuse. Heureusement que cela ne nous empêchera pas de faire nos belles processions... Je me rappelle avec plaisir que l'année dernière je faisais partie de celle du collège à S... Comme les jours et les semaines s'écoulent vite !... Il y aura bientôt un an que je célébrai le mariage de cette chère Elise !... N'a-t-on pas raison de comparer les années de notre vie aux flots précipités d'un torrent qui remplissent un moment ses bords et s'enfuient, tout à coup, pour ne plus revenir ?...

J'espère que ma chère maman ne souffre plus de ses douleurs : combien de fois n'ai-je pas demandé à Dieu de rendre une santé parfaite à cette pauvre mère ?...

3 Juillet.

Je viens d'écrire à M. H. S*** la lettre suivante : « J'ignore ce qui m'a valu votre réception de ce soir, mais je reste tristement convaincu que j'ai perdu votre amitié. Pour quel motif ? Je n'en sais rien ; et Dieu m'est témoin que je n'ai jamais eu l'intention de vous blesser, ni même seulement de vous froisser en quoi que ce soit. J'ai l'âme toute navrée de douleur et je vous écris avec une émotion croissante. Je voudrais que vous puissiez lire dans mon cœur : vous y verriez la pureté et la sincérité de mes intentions à votre égard. Je puis, du moins vous assurer qu'elles n'ont jamais variées depuis que vous m'avez offert votre amitié et que je l'ai acceptée avec tout le dévouement dont je suis capable. Quelque soit l'avenir que Dieu me réserve, permettez-moi de vous le dire, toujours il me sera doux de me rappeler l'intérêt affectueux que votre excellente famille et vous surtout, mon cher Monsieur, avez porté à mes frères et à moi; — et puisqu'il faut que je renonce désormais à des relations qui nous étaient chères et qui semblent vous devenir importunes, laissez-moi vous prier en finissant ces lignes qui déchirent mon cœur, de recevoir l'assurance que je ne vous en veux pas, que je respecte vos scrupules, et que je ne cesserai pas de porter silencieusement, mais tendrement, votre bon souvenir à l'autel de N. S. J. C. C'est dans son cœur, je l'espère que nous aurons le bonheur de retrouver, sinon en ce monde, du moins dans l'autre, les charmes d'une vive et inaltérable amitié. »

Si cette lettre, écrite avec mon âme, pouvait désiller les yeux de ce pauvre ami prévenu contre moi par je ne sais quel démon ! Si du moins, il venait s'expliquer franchement... Que le bon Dieu ait pitié de nous !...

4 Juillet.

J'ai reçu une réponse assez brève, où l'on regrette de m'avoir fait de la peine, où l'on s'excuse, jusqu'à un certain point, où l'on se dit mon serviteur respectueux, où l'on parle d'explication que l'on n'a pas eu l'occasion de donner... Cette occasion viendra-t-elle?... la cherchera-t-on?... la trouvera-t-on?... peut-être... mais j'espère bien que cette leçon me servira et que j'y regarderai à deux fois avant d'appeler un homme mon ami, et surtout avant de traiter avec lui *en ami*... L'amitié! oh qu'elle est rare même parmi les chrétiens... et que j'aime à ne plus compter d'ami que Jésus-Christ.

(Imit. J. C. Lib II. Cap. 8.)

13 Juillet.

« *Quare tristis es, anima mea, et quare conturbas me?... miserere mei, Domine, quoniam infirmus sum: con-*

turbata sunt omnia ossa mea... J'ai bien besoin de mettre en pratique les leçons de Jésus-Christ : « *Discite a me...* » Si j'étais plus doux et plus humble, il est probable que je trouverais l'apaisement de ma pauvre âme. « *Invenietis requiem in animabus vestris...* » Ce qui m'irrite souvent, contre moi-même, c'est la vue de la misère, le sentiment de mon insuffisance à réaliser les grandes pensées qui tourbillonnent devant mon esprit... la vie en apparence inutile et morte que je mène ici... Je ne perds pas mon temps, il est vrai ; je lis, je prends des notes ; je remplis mes fonctions de vicaire ; mais, avec tout cela, je ne crée rien.... je ne peux durer longtemps sur le même objet... je me vois parfois comme anéanti... O mon Dieu, prenez pitié de moi !

17 Juillet.

Je sais, par les lettres de mon père que. maman a été bien affectée du départ d'Élise... Cela se comprend, car le cœur d'une mère est toujours déchiré, quand il faut qu'elle se sépare de ses enfants. Je ne doute pas, cependant, qu'elle ne se résigne avec amour après qu'elle aura mis sa peine au pied de la Croix et qu'elle l'aura confiée au cœur de la sainte Vierge. Elle se dira alors que cet éloignement est nécessaire; et elle se consolera, plus facilement, de l'absence d'Élise en se voyant entouré des soins affectueux et prévenants des enfants qui restent auprès d'elle. Dans un mois, s'il plaît à Dieu, nous y serons aussi; et nous nous efforcerons de la distraire de ses ennuis et de calmer son chagrin.

8 Aout.

La chaleur est accablante. Je vais cependant être obligé de passer, trois ou quatre heures, au confessionnal, pour préparer une foule de petites brebis à renouveler, demain, leur première Communion. Après l'Assomption, je compte quitter Paris et arriver vers le 25 courant à S... J'irai rejoindre mon père à M... et puis, s'il veut bien me le permettre, je gagnerai Avignon, Nîmes, Alais, le Puy, Brioude, Clermont, et enfin Saint-Gervais où j'aurai le plaisir de voir Élise et son cher Alexis. Cette combinaison me permettra encore de m'arrêter quelques heures à S... et à L... pour y embrasser, au passage, des êtres qui me sont bien chers.

18 Août.

J'assiste à une triste séance des Assises (à Lyon) ; j'entends l'accusé Fillion avouer froidement qu'il est athée, qu'il croît l'âme mortelle, et la matière immortelle, la religion une abominable superstition soutenue par les prêtres ; qu'il a assassiné sa victime, un ouvrier comme lui, père de deux enfants, uniquement parce qu'il était religieux. L'auditoire était saisi d'horreur, surtout quand on l'a entendu calomnier d'une manière odieuse la mémoire de sa mère... Sur les réponses du Jury, il fut condamné aux travaux forcés à perpétuité.

22 Aout.

Je viens d'arriver a S... Lundi prochain je partirai pour L... où je ne puis me dispenser de donner un jour à ma bonne sœur Eugénie et à son mari.

24 Aout.

Mon bon frère Emile avait eu l'intention de venir passer, avec nous, les belles fêtes du 15 de ce mois, mais cela ne lui a pas été possible parce qu'il était convoqué pour assister, en uniforme, au *Te Deum* solennel du jour de l'Assomption. Il n'espère pas pouvoir s'absenter davantage le mois prochain; mais il fera tous ses efforts pour se trouver, avec Joseph et moi, le 8 ou 10 octobre, à S... Ce bon frère regrette beaucoup de ne pouvoir m'accompagner dans la tournée que je me propose de faire, s'il plaît à

Dieu, pendant mes vacances. Il pense que, du moins, Joseph pourrait m'accompagner et déplore que le triste état de ses finances ne lui permette pas d'avancer des fonds à ce brave Joseph. Emile m'écrit aussi qu'Hippolyte lui a fait part du brillant succès qu'il a obtenu à son premier examen de droit, et qu'il s'est hâté de l'en féliciter. Qu'il est doux, qu'il est bon pour des frères de vivre dans l'union !...

25 Aout

J'ai appris par Louis G*** que la faculté de Grenoble, comme il me l'écrit dans sa bonne lettre, avait eu l'obligeance de lui accorder son diplôme de bachelier. Il espère que, selon le vœu de ses parents, il pourra venir à Paris et que je consentirai à le prendre auprès de moi. En attendant, il me prie chaudement, d'aller passer quelques jours à S..., avant son départ pour Embrun.

Certes, je serais bien heureux de revoir mes bons parents de S... et d'être utile à leurs fils autant que cela dépendra de moi...

3o Septembre.

Joseph et Paul sont enchantés. Notre cousin L. G*** va venir à Paris, avec eux, et il sera notre commensal. Je compte sur l'excellent esprit et le bon cœur de mes frères pour initier ce pauvre garçon aux précautions qu'il devra prendre, afin d'échapper aux dangers de la vie parisienne. Il me serait si pénible d'être témoin de son naufrage dans la foi et la vertu !

J'ai passé six jours heureux en retraite à Saint-Sulpice. J'ai vu M. Boiteux, dont l'affection pour moi ne se dément pas, mais dont la santé, hélas ! paraît bien ébranlée.

Depuis dimanche j'ai repris ma vie de Saint-Germain-l'Auxerrois. Je me lève de bonne heure, je prie, j'étudie, je

jouis d'un grand calme. Chose étrange !
je ne vois aucun de mes confrères. Chacun
a ses habitudes et ses occupations différentes. Je suis sûr que cela pourrait paraître étonnant à mon père et à ma mère.
Mais les choses se passent ainsi à Paris.
Ne faut-il pas croire que c'est bien ?

10 Novembre.

Décidément, je vis plus que jamais en
ermite, plongé dans mes livres anglais,
latins, hébreux. — Jeudi prochain, nous
recommençons nos Catéchismes de première Communion. Et c'est un nouveau
lien qui m'attachera à ma solitude. Je
suis parfaitement heureux ici. M. le Curé
me témoigne une confiance qui semble s'accoître chaque jour. Il a profité
dernièrement du changement, d'un de
ses vicaires, M. Malé envoyé à Neuilly,
pour parler de moi à l'Archevêché et me
demander pour son deuxième vicaire.
dès que faire se pourra. Il m'a remis
solennellement la direction du catéchis-

me des garçons, en me demandant de vouloir bien continuer à être le second de M. Castelnau aux Catéchismes de persévérance et de première Communion des filles. Il s'est montré, même, généreux jusqu'à me faire cadeau de la magnifique Somme de saint Thomas, reliée, et traduite en 15 volumes par M. Drioux. Que puis-je souhaiter de plus? Joseph et Paul paraissent aussi heureux d'être avec moi que je le suis de les posséder sous ce toit hospitalier. Que Dieu daigne accorder à tous nos parents et amis une bonne santé, des affaires prospères; et nous n'aurons, les uns et les autres, que les plus heureuses raisons de bénir son nom et de lui rendre grâces!...

22 Novembre.

Mon ami, l'abbé F***, directeur à l'école des Carmes, déteste les prédicateurs qui viennent redire d'une chaire à l'autre de beaux sermons, écrits et appris de mémoire, récités avec l'esprit d'un homme du monde beaucoup plus qu'avec l'âme d'un vrai prêtre... Qu'il a raison, et que je prie Dieu de me garder de ce malheur!... Mais pour l'éviter, il faut être un homme d'oraison et devenir un prêtre digne de ce nom... « *Sanctificamini qui fertis vasa Domini, a fortiori qui enuntiatis judicia ejus...*»

NOVEMBRE.

Retraite ecclésiastique à Saint-Sulpice.

Je l'ai suivie, cette bonne et douce retraite ; j'ai goûté, une fois de plus, combien le Seigneur est bon pour tous ceux qui veulent sincèrement l'aimer... J'y ai senti profondément ma misère ; et je demeure convaincu de l'inégalité immense qu'il y a entre mes forces et la sublimité de ma vocation. Je suis donc bien disposé à attendre tout mon secours du Ciel ; et j'espère de la bonté de Celui qui m'a appelé, malgré mon indignité, à le représenter sur la terre, et à lui sauver des âmes, qu'il voudra bien me soutenir de de sa grâce, m'aider de sa lumière, me relever par sa force : « *Omnia possum in eo qui me confortat,* » disait saint Paul ; c'est ce que je dois dire en ce moment et tous les jours de ma vie, à la condition, toutefois, de faire pour ma part tout ce qui est et sera toujours en mon pouvoir. Voici donc mes résolutions que je prie Dieu humblement de bénir : « 1° Je suivrai religieusement le règlement que je me suis tracé et qui me paraît répondre aux besoins de ma situation. 2° Si je viens, par faiblesse, à faillir sur quelque point, je ne me découragerai pas : mais je m'humilierai et me hâterai de faire bien et mieux, le lendemain, ce que j'aurai eu le malheur de négliger la veille. »

Je crois que cela suffit. Mon Dieu, ayez pitié de moi, et faites que le plus indigne de vos ministres devienne le fidèle et dévoué serviteur de votre Évangile ; celui à qui vous direz un jour en récompense de ses efforts persévérants : « *Euge, serve bone et fidelis, quia super pauca fuisti*

1864

28 Avril.

« *Et nunc quid dicam!...* » M. l'abbé
Devèze, notre cher premier vicaire de
Saint-Germain-l'Auxerrois vient de mourir, à son tour, après deux jours de
maladie dont la cause, m'a-t-on dit,
provient de l'impression profonde qu'a
faite sur lui la mort de M. Carrière. Le
pauvre et cher abbé a expiré presque
sans s'en douter, (quoique confessé hier
par M. Icard et administré par M. le
Curé,) entre les bras de M. Roquette,
Curé des Missions étrangères, et de
M. Brunis, ses amis de longue date et
fidèlement dévoués... Ainsi donc je le
vois, je le sens, je puis l'écrire encore
une fois, notre vie n'est qu'un songe, une
vapeur qui flotte un instant à l'horizon
et qui se fond devant la mort, en moins
de rien... Dimanche dernier, le bon
M. Devèze revenait de l'autel quand
j'allais moi-même chanter la grand'-
messe ; sa démarche majestueuse, la

sérénité de sa belle figure étaient loin de présager une fin aussi prochaine. « J'en serai quitte pour la peur, disait-il, le matin, à M. Legrand, une heure avant de mourir...» Et, depuis une journée déjà, l'éternité a commencé pour lui... faut-il le plaindre?... faut-il pleurer?... O mon âme, âme chrétienne et sacerdotale, écoute saint Paul et médite ses paroles : « *Nolumus vos, fratres, ignorare de dormientibus, ut non contristemini sicut et cæteri qui spem non habent... Si enim credimus quod Jesus mortuus est et resurrexit, ita et Deus eos qui dormierunt per Jesum adducet cum eo.. Deind' nos qui vivimus, qui relinquimur simul rapiemur cum illis in nubibus obviam Christo in aera et sic semper cum Domino erimus,.. Itaque consolamini invicem in verbis istis... »*

8 Juin.

J'ai eu le plaisir de recevoir ce matin une bonne lettre de mon oncle G***, de S..., qui me dit avoir lu avec l'intérêt le plus vif les détails que je lui donnais dans la mienne, sur notre régime intérieur et la manière agréable dont nous passions notre dîner. « Éloigné autant que je le suis de Louis, m'écrit-il, c'est une bien grande satisfaction pour moi de le savoir placé près de toi, dirigé par tes conseils, et recevant de ses cousins qui forment pour lui la société la plus agréable, des exemples excellents. Dans ces conditions, j'ai l'espoir, avec les ressources sans nombre que Paris offre aux jeunes gens désireux de s'instruire, que, en revoyant Louis, nous n'aurons qu'à nous féliciter de notre résolution, et qu'il sera assez sensé pour échapper, loin de nous, aux dangers auxquels les jeunes gens de son âge sont exposés et qui font le désespoir de leurs parents. »

12 Juin.

Le bon Curé de Merueil, mon ami

Valler, m'écrit pour me remercier des intentions de messes que je lui ai fait passer par mon cousin R*** et me demander s'il me serait possible de lui avoir une relique de saint Firmin, patron de sa paroisse ; il l'exposerait, à l'époque de sa fête, à la vénération des fidèles. — Il m'apprend que ma tante R*** mère de mon cousin l'abbé, est toujours très souffrante. Cette pauvre dame, malgré sa forte constitution et l'étonnante fermeté de son caractère, est, paraît-il, très sérieusement atteinte. C'est un grand chagrin pour tous nos parents et pour moi, car elle n'est pas seulement ma chère tante, mais aussi ma bonne marraine. Espérons que Dieu nous la conservera encore bien longtemps.

30 Juin.

Nouvelle et bonne missive de mon cher père. « C'est toujours avec joie et bonheur, m'écrit-il, que je reçois tes lettres et que j'apprécie, de plus en plus, la délicatesse de tes sentiments et ton vif attachement pour tes parents. Que de grâces n'avons-nous pas à rendre tous les jours au Seigneur de t'avoir revêtu du plus beau, du plus sublime des sacerdoces, de t'avoir choisi parmi ses élus !... Oui, mon cher fils, c'est à ta sainte vocation, c'est à tes vertus, que nous devons le bonheur dont nous jouissons par rapport à l'union et aux succès de nos chers enfants. reçois-en de nouveau nos félicitations et nos remerciements ; et continue à veiller sur tes chers frères et à les diriger dans la voie du bien. Je suis heureux, mon cher fils, d'apprendre par les uns et par les autres, que vous vivez en union et en parfaite intelligence entre vous, et que vous continuez à vous aimer en bons frères. J'ai soin de recommander à Joseph et à Paul d'être dociles à tes sages conseils et de te faciliter la tâche pénible des détails de la surveillance et du ménage.

Le beau mois de Marie est sur le point de finir. Il nous a fait beaucoup de bien et a été suivi avec ferveur par nous et un assez grand nombre de nos concitoyens. Cette bonne Mère que nous ne cessons de prier et d'invoquer dans tous nos besoins nous a fait obtenir de son divin Fils, la grâce de nous nourrir de nouveau du pain des Anges. Notre dévotion à la Reine du Ciel est, de plus en plus, vive et ardente.

La Fête-Dieu a été célébrée hier avec beaucoup de pompe ; nos concitoyens ont rivalisé de zèle pour faire de beaux reposoirs. La procession qui a duré 2 h. 1/2, a été magnifique ; je tenais un des cordons du dais, à la prière de M. le Curé. Le soir, il y a eu, à l'église, une superbe illumination pour la clôture du beau mois de Marie. La musique s'y est fait entendre et l'église était comble. C'était vraiment ravissant. Après la cérémonie on a fait de la musique sur la place jusqu'à dix heures. Toutes les

autorités ont assisté à la procession,
même le Tribunal. M. le Curé en a
éprouvé la plus grande satisfaction. »

3o Juillet.

Je suis heureusement arrivé à Paris,
ce matin, veille de notre belle fête
patronale. J'ai trouvé Paul bien portant
et tout rempli d'ardeur pour partir, à
son tour, en vacances...

Tous ces Messieurs du presbytère
paraissent fatigués par les chaleurs, à
l'exception de M. le Curé que son excursion en Angleterre semble avoir rajeuni.

J'ai passé à Vichy environ 48 heures.
Inutile de dire combien ma visite a fait
plaisir à ces dames et surtout à Élise
qui est si affectueuse. Je lui ai conseillé
de ne partir qu'après avoir fait conscien-
cieusement la saison. Le départ de la
tante va la laisser un peu isolée. Mais
j'espère qu'elle aura bon courage et
qu'elle retournera mieux portante à
Saint-Gervais.

1864

9 Août.

Dieu soit loué !... voilà mon pauvre Émile bien heureux : il m'écrit qu'il reçoit à l'instant sa nomination (dans la compagnie du chemin de fer Paris Lyon) à Dijon.

En revanche, mon cher cousin R*** m'annonce la mort de sa pauvre mère. Son agonie, paraît-il, a été tranquille et courte. Elle a rendu son âme à Dieu avec ces grands sentiments de piété et de résignation absolue qui composaient le fond de sa religion toujours éclairée. Mon bon cousin croit être assuré que je ne les oublierai pas dans cette triste circonstance ; que je me souviendrai souvent, au saint Autel, de la bonne marraine qui m'aimait tendrement, et qu'enfin je prierai aussi pour ses enfants désolés. C'est certainement un devoir, ou plutôt autant de devoirs dont je vais m'acquitter avec empressement. Ma pauvre marraine !... Puissiez-vous jouir sans retard de la vue de Dieu !... Puisse l'offrande du Saint Sacrifice qui sera faite fréquemment, pour vous, par votre fils et par votre filleul prêtres, vous obtenir, plus tôt, l'entrée au lieu du rafraîchissement et de la paix.

9 NOVEMBRE.

Je reçois d'abord une longue, puis une courte lettre d'Émile m'annonçant que tout est arrangé entre son futur beau-père et lui. Reste la demande officielle à faire par notre père. Il me prie d'écrire à ce bon père qu'il veuille bien au plus tôt demander à M. C*** la main de sa fille pour son fils Émile. Mon frère paraît heureux, et en réalité, il peut l'être... Faites mon Dieu, qu'il obtienne la récompense qu'il mérite pour sa piété, sa science et ses vertus. J'ai déjà bien prié à cette intention et je ne cesserai de prier encore.

10 Novembre.

Depuis quelques jours nous avons ici un vent glacial... Heureusement, pour me réchauffer, je vais recommencer demain mes Catéchismes de première Communion. Décidément je laisse les petites filles pour les garçons. M. le Curé m'a confié avec le claquoir, signe du commandement, la suprême direction de la Persévérance, de la première Communion et du petit catéchisme des garçons, au nombre de 400 environ. La besogne s'annonce bien ; mais le bon Dieu me donnera la force de la faire bravement.

Nous devons aller, ce soir, dîner tous les trois chez notre bon ami l'abbé de Peretti della Rocca, Curé d'Issy. Après le dîner, je prêcherai un peu dans son église à l'occasion de l'Octave des Morts...

11 Novembre.

Aujourd'hui m'arrive une affectueuse

lettre de mon beau-frère Alexis B***. Il me remercie d'avoir rempli la commission qu'il m'avait donnée d'acheter une belle broche qu'il pût offrir à ma bonne mère pour le jour de sa fête. Et voici en quels termes il témoigne l'attachement qu'il a conçu pour toute notre famille. « Ce n'est jamais trop cher, et on ne jette jamais son argent par la fenêtre quand il s'agit de cadeaux pour de si bons parents. Je regrette vivement de ne pouvoir mieux prouver ma reconnaissance et de ne pas être à même de pouvoir mieux dédommager de tant de soins, de dévouement et d'amitié qui nous viennent de la part de toute la famille. Joseph m'écrit aujourd'hui ; il me dit que le cadeau de ma chère Elise est aussi expédié. Il lui aidera peut-être à prendre patience et lui montrera une fois de plus combien je l'aime et l'aimerai toujours. Ce n'est pas parce qu'elle est votre sœur, mon cher ami, que je vous dis cela, mais il est difficile, et, pour mieux dire, impossible de rencontrer réunis tant d'aménité de caractère, de résignation et de douceur. Elle fait vraiment honneur, sous tous les rapports, au père, à la mère et aux frères qui l'ont si bien élevée. Les souhaits que vous me faisiez, mon cher abbé, s'accomplissent presque au gré de vos désirs. Bonnes nouvelles de S... Elise va beaucoup mieux. Toute la famille se porte à merveille ; et, pour comble de bonheur, Joseph m'annonce la prochaine réussite de nos desseins, l'élévation à la 4me classe avec un bureau à notre choix, voisin de nos parents et dans un climat favorable, par sa chaleur, à une santé d'un prix inestimable pour moi. Quelles actions de grâces à rendre à la Providence pour tant de bienfaits et pour d'aussi favorables résultats dus à vos ferventes prières et aux démarches et dévouement de vous tous !... Jamais je ne pourrai vous être assez reconnaissant, et ma vie entière ne suffirait pas à vous témoigner ma gratitude. En consentant à m'accepter pour votre frère, vous assurâtes mon bonheur ; tous les jours vous l'augmentez, en facilitant mon avancement. »

Ce bon frère ! comment ne l'aimerions-nous pas lorsqu'il rend ma sœur Élise si heureuse ?... En ce moment, il est bien triste d'être séparé d'elle. Mais il se console en songeant à tous les soins que ma mère et mes sœurs lui prodiguent à S... Et puis, j'espère qu'elle guérira prochainement et qu'ils pourront reprendre cette vie commune qui leur est si douce.

13 Novembre.

Mon bon abbé C*** m'écrit qu'il a été bien joyeux de recevoir enfin ma réponse à sa lettre. Il me confie les motifs qui l'ont obligé à renoncer au poste de Curé et à accepter celui de professeur à l'institution Saint-Louis, à Forcalquier. Il me remercie de mon invitation à venir passer ses vacances, chez moi, à Paris...

Pauvre abbé C***! que de souvenirs lointains ce nom réveille dans mon cœur!

26 Novembre.

Je reçois quelques lignes de M. D*** de Notre-Dame des Victoires : « Je n'ai pas pu vous voir après la conférence, m'écrit-il, mais laissez-moi vous dire combien vous m'avez fait plaisir. Votre rapport, vos observations, votre manière de diriger la discussion et de la ramener dans sa véritable route lorsqu'elle s'en écarte : tout cela m'a vivement frappé et intéressé. Je regrette de ne pas pouvoir assister plus souvent aux conférences : je ferai, la prochaine fois, tout mon possible pour y être... »

Je vois par cette petite lettre que le cher abbé D*** veut encourager les débuts d'un jeune conférencier inexpérimenté et bien pauvre en science. Par les éloges qu'il me donne sur des talents que je ne possède pas, il m'indique,

d'une manière délicate, quels sont ceux
que je dois avoir. Je le remercie de ces
affectueux encouragements et m'effor-
cerai de suivre ses sages conseils.

13 Décembre.

Félix Burghard! Je viens de l'administrer : sa mère est admirable de foi. « J'ai
fait dire ce matin une messe à Notre-
Dame des Victoires, me confia-t-elle en
pleurant, et j'ai prié la sainte Vierge
d'infliger à mon fils une peine corporelle
pour le bien de sa pauvre âme. Félix
est un excellent fils, mais il a 18 ans, et
il néglige ses Pâques et sa messe. Eh
bien! le jour même où la messe a été
dite, mon fils est tombé malade d'une
fluxion de poitrine et j'ai eu le bonheur
de le voir revenir à la pratique de ses
devoirs religieux. Oh! que Dieu soit
loué et que Marie soit bénie!... »

21 Décembre.

Emile et ces Dames sont partis avant-

hier. Il a écrit à un de ses amis de Clermont pour le prier de s'occuper de ses
publications à l'église et à la mairie. Il
ne reviendra plus à Paris très probablement avant son mariage définitivement
fixé pour la cérémonie civile au 9 Janvier, et, pour la cérémonie religieuse, au
lendemain. Joseph et moi comptons partir
pour Châtillon le 7 qui sera un samedi.
Paul ne pourra pas nous accompagner
et restera à Paris pour suivre les cours
règlementaires de son école. Mais il se
console en pensant que nous nous réjoui-
rons pour lui et qu'il aura bientôt le
plaisir de voir notre bon père à Paris.

31 Décembre.

Je viens de recevoir une bonne petite
lettre de Marie Eymery, pensionnaire aux
Loges (maison de la Légion d'honneur.)
Elle m'exprime sa reconnaissance d'une
manière véritablement touchante. «Vous
avez toujours été pour moi un bon père,
aussi me suis-je confiée en vous comme

le fait un enfant envers le meilleur des pères... Ma reconnaissance s'accroît de plus en plus à mesure que je grandis, parce que je comprends mieux combien vous avez été bon pour moi... Mais à la reconnaissance doivent se joindre pour vous, en ce jour, les vœux les plus ardents... Que le bon Dieu vous fasse autant de bien que vous m'en faites, et qu'il répande sur vous et votre respectable famille les bénédictions les plus abondantes ! »

Cette petite lettre d'une enfant m'inspire les réflexions suivantes : D'où vient que nous sommes généralement sensibles aux témoignages de reconnaissance qu'on nous offre alors même que nous savons, parfaitement, n'avoir rempli que les devoirs stricts de la charité ?... Ah ! c'est que la reconnaissance est une belle plante qui ne croît que dans les grandes âmes ; et qu'on est toujours heureux de rencontrer de grandes âmes, même quand on se sent indigne de telles rencontres...

⤜•⤛

1865

Ier JANVIER.

J'ai prié de tout mon cœur ce matin, à la sainte Messe, pour mes chers parents et je me suis empressé de leur écrire pour leur offrir tous mes vœux et souhaits d'heureuse année, ayant été dans l'impossibilité de le faire plus tôt...

Quelle joie de penser que je vais les revoir dans quelques jours !...

14 JANVIER.

Alfred m'a écrit que pour s'associer à notre vie, il a entendu la messe le 10 courant, avec Eugénie, et qu'ils ont bien prié pour le bonheur d'Emile et de sa femme. « A la même heure, dit-il, ou un peu plus tard, tu as dû appeler sur ces chères têtes la bénédiction de Dieu; dans quels termes heureux et bien sentis!... Je le sais d'avance, et je m'en suis fait une juste idée en relisant ton allocution à Elise et à son mari. Tu serais bon et aimable comme toujours, et même encore plus que de coutume, si tu m'envoyais cependant une copie de ton discours. » Il me demande ensuite de mettre au service de son oncle Constantin F*** mes relations et mes amis, pour lui faire obtenir le poste d'inspecteur à Alger. Ce pauvre Alfred s'imagine que je jouis d'une grande influence à Paris, et en cela il se trompe considérablement. Néanmoins je ferai tout ce qui dépendra de moi pour être agréable à Alfred et utile à son oncle.

6 Février.

Quelle douleur pour mon cher Emile

et la famille où il vient d'entrer ! M. C***
père est à toute extrémité et on n'attend
plus que sa fin qui est imminente. Heureusement il a reçu les derniers Sacrements en pleine connaissance et de manière à édifier ceux qui l'entourent. Mais
quel deuil et quelle perte !... et comme
les joies de ce monde sont vite éteintes
par les douleurs !

19 Février.

Je félicite mon père de l'heureux
retour de maman près de lui, après une
absence qui n'a pas laissé de lui paraître longue, quoiqu'elle fût trop courte
au gré de nos désirs. Cette chère mère
a dû éprouver un réel contentement de
se retrouver dans sa maison et de reprendre ses habitudes. Que de choses
ne va-t-elle pas avoir à raconter à Elise,
à Marie et à nos plus jeunes sœurs ! Le
récit de ses impressions sur tout ce
qu'elle a vu et entendu ici, sur l'accueil
si cordial qu'elle a reçu de nos amis,

sur la joie que sa présence a procuré à ses enfants, ce récit va fournir un thème agréable aux entretiens des soirées de cet hiver. Que Dieu donne à cette bonne mère toutes les bénédictions que nous lui demandons pour elle !

Quant à moi, je continue ma petite vie accoutumée : heureux si je ne fais pas trop mal l'œuvre de Dieu !...

1er Mai.

Je reçois quelques lignes affectueuses de mon ami de Cuttoli. Il m'affirme que Monseigneur a été très content de moi au cas de conscience ; j'avais parlé de mon mieux. Que Dieu me fasse la grâce de le connaître et de le faire connaître chaque jour davantage !

9 Mai.

Cette semaine, nous aurons l'examen des enfants qui se préparent à la première Communion, puis viendra la retraite ; et enfin, la première Communion et la Confirmation le 1er Juin. En plus de cela, les exercices du mois de Marie et les conférences ecclésiastiques achèvent de remplir mes journées. J'en bénis le bon Dieu, car je ne suis jamais si heureux que quand je travaille le plus, et je suis convaincu que l'inaction me tuerait.

4 Juin.

Je viens de traverser une semaine laborieuse, mais bien consolante. Nos chers petits paroissiens ont eu le bonheur de faire leur première Communion jeudi dernier, après avoir passé trois jours en retraite. L'Archevêque de Paris est venu les confirmer vendredi. Hier ils ont entendu la messe d'actions de grâces et sont venus remercier M. le Curé et leurs catéchistes. Dimanche prochain, nous leur distribuerons leurs récompenses et leurs cachets.

Voilà donc cette année terminée pour les Catéchismes. Nous en recommencerons une autre, s'il plaît à Dieu, au mois de Novembre.

D'ici là, nous nous reposerons un peu, tout en rassemblant des matériaux pour une nouvelle campagne. La ferai-je, cette nouvelle campagne, à Saint-Germain ou dans une autre paroisse? je l'ignore. Tous ces messieurs paraissent croire à un prochain avancement pour moi. On a remarqué que Monseigneur m'a adressé de gracieuses paroles et qu'il m'a témoigné son contentement sur la manière dont j'avais traité le cas de conscience de la dernière conférence ecclésiastique. Plusieurs Curés me demandent pour leur second ou leur premier vicaire. Mes amis de l'Archevêché qui viennent d'obtenir de belles positions m'offrent leurs services, en m'assurant de leur dévouement.

Mais j'ai tant à me louer des paroissiens de Saint-Germain et de M. le Curé, en particulier, que j'éprouverais une véritable peine à quitter la paroisse. On ne brise pas sans regret des liens d'amitié formés depuis huit ans... quoiqu'il en soit, je suis prêt à faire tout ce qu'il plaira à Dieu.

12 Juin.

Si quis vult venire post me abneget semetipsum, tollat crucem suam quotidie et sequatur me...

La croix! la croix!... quand dirai-je: ô bonne croix!

O mon Dieu! ayez pitié de moi... délivrez-moi de mes ennemis!...

Quels ennemis? Je n'en ai pas de plus grand que moi-même, et si j'étais moins sensible je ne souffrirais pas autant.

Relire le 3ᵐᵉ livre de l'Imitation et demander à Dieu le détachement de cœur et la grâce de l'humilité...

O Jésus, mon véritable, mon unique ami, à vous toutes les pensées et toutes les affections de mon âme; en vous, par vous, et avec vous, toutes mes autres affections.

23 Juillet.

« *Vane conturbatur omnis homo.* » Que cette parole est vraie ! mais qu'il est difficile de ne pas se tourmenter ! L'auteur de l'Imitation le savait bien, et l'expérience me l'apprend de plus en plus. L'impassibilité n'est pas de cette terre, et je doute beaucoup de *l'Impavidum ferient ruinæ* du stoïcien d'Horace. Que faire contre les orages qui soulèvent les tempêtes de l'âme ?... prier Dieu... « *Domine, perimus !...* J'aime bien la scène sublime de l'Évangile qui représente le Fils de Dieu gourmandant les vents déchaînés, et calmant les flots en courroux... O Jésus, ô Sauveur, ô Maître, ô Père, ô Ami, ô Pontife, qui avez voulu être tenté comme un homme, qui avez voulu tomber, jusqu'à trois fois, sous l'accablant fardeau de votre croix, et qui n'avez pas jugé à propos de laisser ignorer à vos Apôtres votre tristesse et vos défaillances du Jardin des Oliviers... O Jésus, je vous prie de

venir à mon aide, de calmer mon pauvre
cœur, et de rassérénir l'horizon de mon
âme. L'abnégation quotidienne n'est pas
impossible avec votre grâce. Oh ! mon
Dieu, donnez-moi cette grâce de l'abnégation journalière, sans laquelle on ne
saurait être ni chrétien, ni prêtre !...

(Imitat. ch. 8. Liv. 3.)

*De vili æstimatione sui ipsius in
oculis Dei.*

Je parlerai à mon Dieu, quoique je
ne sois que cendre et poussière. Et
pourrais-je me réputer autre chose, sans
vous sentir vous dresser contre moi ?
Mes iniquités attestent ma profonde
misère ; le nier serait un acte de folie.

Il vaut bien mieux que je me trouve
vil, que je me dépouille de toute idée de
considération et de grandeur, que je me
pulvérise, que je me réduise au néant.
Si je le fais, vous aurez pitié de moi ;
votre grâce m'aidera ; votre lumière
éclairera mon cœur ; mais au contraire
que gagnerais-je à m'estimer moi-même

à me croire quelque chose de bon? Hélas! je me briserais bientôt contre mon néant; abandonné de Dieu, je périrais abîmé dans la profondeur de ma misère.

Mon Dieu, mon Dieu! Dieu des humbles et des petits, Dieu toujours bon pour ceux qui se repentent, et pleurent leurs péchés, convertissez mon âme; que je sois humble, que je sois dévoué! Soyez, ô mon Dieu, mon salut, ma force, ma consolation, mon unique amour.

31 Juillet.

Le bon M. J. J. Leclerq m'a fait l'honneur de m'adresser la lettre suivante, affectueuse et spirituelle comme il sait les écrire.

Monsieur et bien cher Ami.

Votre gracieuse et prévenante épître était pleine d'excuses en faveur de vos prétendus retards : que devra être ma réponse ? Rien, pas même une réponse, mais seulement l'annonce d'une prochaine visite que je veux vous faire en amende honorable. Je veux aussi vous annoncer une autre réponse à votre question : « A quoi employez-vous vos doctes loisirs ? Quelles sont vos savantes élucubrations ? » Loisirs, oui, élucubrations, passe encore; doctes, savantes, pour cela non. J'ai même évité, exprès, d'être savant, (ce qui m'a été très facile,) dans une élucubration qui m'a été imposée par l'obéissance, que j'ai commencée avec résignation, continuée et finie avec goût et consolation. Quoi donc ? Peu de chose. Mais encore ? Vous le voulez ? Tout simplement une théologie chrétienne et populaire, un manuel de doctrine et de vie chrétienne, une théologie du catéchiste, pour l'appeler par son nom. Il y a dix ans je ne me serais pas attendu à pareille besogne. Aujourd'hui l'Évêque de Rodez l'a voulu, et c'est fait. Je vous félicite, vous savez avec quel cœur sincère, de l'avancement, du poste agréable et lucratif, et enfin de l'heureux mariage de votre cher Émile. C'est un jeune homme accompli et j'augure qu'il est loin d'avoir fini d'être la consolation et le légitime orgueil de sa famille. Ne soyez pas ingrat envers l'auteur de telles bénédictions. Je me tiendrai, de loin, parmi les amis fidèles, pour vous aider à remercier pour celui-ci et à obtenir pour les autres... Il me reste encore un peu de cœur sous une peau qui s'épaissit à vue d'œil tous les jours, et je vous sais très bon gré de l'avoir cru et de n'avoir pas oublié dans son exil celui qui, à la grande ville, vous aimait et vous respectait profondément, comme il fera toujours en N. S. »

30 Septembre.

Je copie dans mon cahier de souvenirs la lettre suivante que je viens de recevoir:

Paroisse   *27 Septembre 1865.*
DE
Saint-Germain-l'Auxerrois

MON CHER AMI,

Je suis tout à la fois heureux et triste de votre nomination. Depuis longtemps, vous le savez, je désirais votre avancement si bien mérité à tous égards, mais mon espoir et mon plus vif désir était qu'il se fît dans la paroisse même où vous êtes connu, estimé, aimé de tous, et j'ose dire du Curé encore plus que de tout autre. L'autorité a décidé autrement, je me résigne, mais avec tristesse et regret, d'abord de vous perdre, puis de n'avoir pas à féliciter, en même temps, et M. Brunis et M. Castelnau.

Vous resterez notre très proche voisin et notre excellent et fidèle ami, mon cher abbé, c'est une consolation et je me réjouirai de vous voir souvent et d'applaudir à vos succès dans votre nouvelle paroisse.

Comme vous, mon cher ami, j'attends encore l'avis officiel de l'Archidiacre. Monseigneur l'Archevêque qui m'a annoncé la chose vendredi 18, s'étonnait que M. Surat ne m'eût pas encore écrit: Vous voyez qu'il n'est pas pressé de m'annoncer la nouvelle, sans doute parce qu'il suppose qu'elle me sera pénible. Elle le serait, en effet, si je ne savais préférer, à mes affections et à mes intérêts, l'avantage de ceux que j'aime et le bien général du diocèse.

A bientôt, cher ami, reposez-vous et prenez des forces. Vous ne manquerez pas de travail dans votre nouvelle paroisse, et votre bon et zélé Curé saura donner à votre activité un aliment abondant et un vaste champ.

Faites donc provision de santé, afin qu'elle suffise à votre zèle et à vos travaux.

Nos Messieurs vont bien ; ils sont comme moi, joyeux de votre élévation et tristes de votre départ et bien reconnaissants de votre fraternel souvenir.

Recevez, cher ami, la nouvelle assurance de mon affectueux et entier dévouement.

LEGRAND,
Curé de Saint-Germain-l'Auxerrois.

13 SEPTEMBRE.

DIOCÈSE DE PARIS   *12 Septembre 1865.*

Paroisse Saint-Eustache

BIEN EXCELLENT VICAIRE ET BON AMI,

J'étais absent pour quelques jours quand m'est arrivé votre charmante et affectueuse lettre. Je l'ai lue avec bonheur en pensant que vous étiez, vous-même, bien heureux du choix qu'avait fait de vous Monseigneur l'Archevêque et que la paroisse de Saint-Eustache souriait suavement à votre cœur.

Que le bon Dieu en soit béni, car, pour ma part, mes vœux sont accomplis, et ma gratitude envers Monseigneur dépasse toute expession.

Je suis heureux de penser que je vais trouver, en vous, un appui et un encouragement à consacrer au bien des âmes qui me sont confiées, les dernières heures de ma vie et les derniers élans de mon zèle de pasteur.

Tous, nous sommes heureux de vous voir arriver, ceux qui vous connaissent d'abord; et ensuite, ceux qui ne vous connaissent pas encore, sont émerveillés de la réputation qui vous précède dans votre nouvelle paroisse, et du vide que vous laissez à Saint-Germain-l'Auxerrois.

J'ai vu M. le Curé de Saint-Germain qni vous regrette beaucoup, mais qui est heureux, pour vous, de votre nouvelle position.

Je ne vous installerai que le premier dimanche d'Octobre parce qu'à ce moment, le bon abbé Fournier qui a le cœur bien gros, sera absent, et il faut ménager le pauvre cœur de chacun !

La fabrique vous regarde comme lui appartenant à dater du 15 Septembre, époque qui termine vos vacances, m'a-t-on dit. C'est pour cela que j'ai pris sur moi de commencer l'exercice de mon autorité en vous prolongeant vos vacances. Toutefois, croyez-le, bien cher et bien aimé Vicaire, plus tôt nous vous verrons, plus tôt nous serons heureux de vous posséder.

Veuillez croire à l'assurance de mes sentiments les plus dévoués et les plus affectionnés.

F. SIMON,
Chanoine honoraire,
Curé.

Cette lettre que vient de m'écrire M. l'abbé Simon fait pendant à celle que je recevais il y a dix jours de M. l'abbé Legrand.

Puissé-je me rendre digne de la confiance que me témoigne le vénéré Curé de Saint-Eutache et mériter véritablement un peu cette bonne réputation qu'on m'a faite !...

2 Octobre.

M. Simon, mon nouveau Curé, m'a reçu à bras ouverts. Il m'a solennellement installé son second vicaire, hier, avant la grand'messe que j'ai chantée. L'avant-veille j'étais allé recevoir ma mission de l'Archevêché. Monseigneur a été très bienveillant et m'a promis, au nom et à cause du souvenir de Monseigneur Sibour, de ne pas me perdre de vue et de suivre avec intérêt mon ministère à Saint-Eustache. Les vicaires généraux ont été aussi très bons ; l'abbé de Cuttoli s'est invité chez moi le jour où je prendrai la crémaillère. M. le Curé de Saint-Germain est le seul qui m'ai montré un visage moins joyeux. « C'est, dit-il, qu'il est désolé de me perdre. » Tous mes confrères m'ont exprimé leur satisfaction de mon avancement. Qu'ils prient le bon Dieu pour que je m'acquitte bien de mes nouvelles fonctions ! voilà ce que je réclame de leur amitié.

Mon logement, ici, est moins laid que j'aurais pu le penser par la première lettre de Joseph. Ce cher frère a porté tout le fardeau du déménagement. Je lui en suis très reconnaissant. J'aurais bien besoin que maman fût avec nous pendant un mois ou deux pour nous aider.

3o Octobre.

M. le Curé m'a installé hier en qualité de directeur du catéchisme de persévérance des jeunes filles, qualité qui est loin de constituer, ici, un titre purement honoraire et une sinécure. Dans peu de jours, j'aurai, en outre, la direction du Catéchisme de première Communion. Ce sera un fort joli supplément à mes travaux journaliers qui me retiennent, ou à l'église ou dans mon logis, depuis mon lever jusqu'au moins 4 h. du soir.

Joseph et Paul continuent à bien travailler et à se plaire dans notre nouvelle

résidence. M. le Curé les a invité à toutes les soirées du dimanche. Le premier
vicaire a voulu les avoir, hier soir, à
dîner avec moi.

Nous supposons que notre cher Alexis
est installé dans sa nouvelle résidence et
qu'il s'y plaît. Il a écrit une charmante
lettre à Paul pour nous remercier de nos
compliments et nous inviter à aller le
voir. Si Elise lui écrit biéntôt, je la prie
de lui envoyer nos affectueuses amitiés.

Je continue à vivre ici très occupé; je
me suis enrhumé assez fort au commencement du mois, à la sortie du Catéchisme de persévérance, mais les bons
soins de Jeannette m'ont à peu près
remis sur pieds. Je ne tousse plus que
par réminiscence. Que maman et mes
sœurs veillent bien à se préserver des
rhumes! La saison en est prodigue et il
fait bon se garder de semblables présents.

1866.

Il paraît qu'à S... le temps est assez beau pour la saison. Ici, le froid n'a pas duré; on ne peut sortir que dans la boue, surtout dans ce quartier des halles... Pour moi je souffre peu de cette situation, car je mène une vie de plus en plus sédentaire. Le genre de mes fonctions m'oblige à garder le logis la plus grande partie de la journée. Je ne peux guère m'absenter qu'à la nuit tombante; ce qui est cause que je sors assez peu. Je passe mon temps à régler les affaires de la Fabrique, de M. le Curé, des vicaires, des employés, en un mot de tout le monde de l'église. Je prépare mes instructions du Catéchisme, les procès-verbaux de nos assemblées de bon-secours, et de nos conférences ecclésiastiques ; enfin, je mets au courant ma correspondance qui se borne, à peu près, à répondre aux lettres de mes bons parents.

16 Mars.

Mon père m'écrit qu'il a cédé sa charge d'avoué à mon frère Hippolyte, et qu'il a tout lieu de croire qu'il exercera son ministère avec loyauté et dévouement. Il ajoute : « Me voilà redevenu avocat, pouvant plaider et donner des conseils, et le cas échéant, disposé à jouir de ces nobles prérogatives. J'ai cruellement souffert durant ma longue carrière de 36 ans... Sachons pardonner et oublier, Dieu est juste !... »

6 Septembre.

J'apprends que mon cher cousin, l'abbé R*** est nommé Curé de Rosans. Il est heureux des intentions de messes que j'ai pu lui envoyer, car il en manque presque toujours et il me sera reconnaissant si je lui en procure encore. La foi est si faible aujourd'hui, qu'on ne comprend pas toute la valeur et l'importance qu'a l'offrande du sacrifice de la Messe... Puisse mon cher cousin réussir à la réveiller dans les âmes de ses nouveaux paroissiens, cette foi indispensable aux Chrétiens qui veulent se rendre dignes de ce nom.

20 Octobre.

Il y a un an à peine que l'ami de mon frère Joseph, M. Henri C***, épousait une jeune fille de cette paroisse, Mlle Cécile Marguerite Jeanne M***... Aujourd'hui, il verse des larmes très amères sur un double cercueil : le cercueil de sa femme, le cercueil d'un de ses deux fils jumeaux. Pauvres parents ! au mois d'août dernier ils perdaient un fils de 22 ans, demain on enterre leur fille !...

14 Novembre.

Nous avons recommancé nos Catéchismes. C'est un surcroît de travail très heureux pour moi. La touchante et magnifique cérémonie de l'adoration perpétuelle a lieu cette semaine à Saint-Eustache.

Le bon M. Boiteux a revu Emile avec le plus grand plaisir.

31 Décembre.

Tous les vœux de bonne année qu'on offre et qu'on reçoit... n'ont-ils pas leur origine dans la Religion ? Voyageurs de la Terre en route pour le Ciel, nous sentons, trop vivement, les épines du chemin, pour n'être pas émus de pitié sur notre sort et sur le sort de nos compagnons de

misère. Les années qui s'achèvent ne
ne nous découvrent, le plus souvent, que
des joies écourtées, des tristesses pro-
fondes, des souffrances réelles, des illu-
sions évanouies, des douleurs qui vont
se continuer avec les nouvelles années :
de là, sans doute, ces sentiments indéfi-
nissables qui se pressent et se heurtent
dans notre pauvre âme désenchantée.
De là, ce besoin de recourir à l'arbitre
souverain de la vie et de la mort, au
maître du temps et de l'éternité, au divin
dispensateur des biens et des maux. De
là, les espérances qui se réforment en
nous, malgré nos espérances trompées ;
de là, ces vœux que nous acceptons avec
l'empressement qui anime les enfants à
la veille de recevoir leurs étrennes; de là,
aussi, les mille souhaits que nous rendons
aux autres, comme la monnaie courante
de leurs félicitations et de leurs vœux...
O Dieu! l'unique souhait d'un cœur chrétien, pour soi-même et pour les autres,
ne doit-il pas être celui que votre fils

nous a si souvent suggéré : « *Fiat
voluntas tua !... adveniat regnum
tuum !...* La venue de règne de Dieu
sur la terre, quel beau souhait ! que
les hommes seraient heureux, s'il se
réalisait ! Du moins, j'y veux travailler
pour ma part...

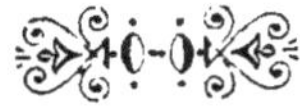

1867.

Je relis les sermons de saint Augustin
avec un plaisir toujours nouveau. Je ne
puis me lasser de l'entendre expliquer,
à ses néophytes d'Hippone, le symbole
des Apôtres et l'Oraison Dominicale. Il
me semble le voir au milieu d'eux,
assis comme un père au milieu de ses
enfants; des paroles pleines de simplicité et de grâce sortent de ses lèvres
accompagnées d'exhortations graves,
toujours paternelles...

1867

21 Janvier.

Grâce à l'affectueuse intervention de
M. l'abbé Charles, notre ami, l'importante affaire du mariage de mon frère
Paul avec Mlle B. S***, vient de se
conclure. M. S*** a répondu à la
demande de notre dévoué intermédiaire
en disant qu'il avait su apprécier notre
famille, et qu'il était heureux d'accorder
la main de sa fille à un jeune homme
que ses études et son expérience ren-
daient capable de diriger l'entreprise
à la tête de laquelle il voulait le placer.
M. Charles affirme que Mlle B*** est
une personne accomplie. Nous l'en
croyons non pas seulement sur parole,
mais parce que nous l'avons vue, de
près, et qu'elle nous a toujours paru
pleine de sens, de grâce et de modestie.

J'espère que cette union sera bénie de
Dieu comme celle de mon cher Emile...

7 Février.

Je viens de relire deux sermons de Bossuet : le premier sur la Circoncision, le second sur la Nativité de N. S. Quel homme admirable que Bossuet! toujours grand, toujours sublime, toujours noble dans sa simplicité, toujours vrai! Comme il aime et fait aimer Jésus-Christ! Le nom de Jésus est un miel pour ses lèvres, une douceur exquise pour son cœur. S'il pouvait l'annoncer assez haut, il le proclamerait par-dessus tous les royaumes; et quel bonheur si tous les hommes, ravis des merveilleuses qualités de Jésus leur Roi, de Jésus leur Pontife, de Jésus leur divin Médiateur, acceptaient, enfin, volontairement le joug de sa puissance, l'offrande de son sacrifice, les amoureuses conditions de sa médiation!...

22 Février.

Mes frères et moi nous regrettons vivement que mon cher père avec maman, Hippolyte et Marie ne puissent pas venir assister au mariage de Paul. Leur douce présence eût encore embelli une cérémonie qui paraît devoir être fort solennelle. La famille S*** est d'une bonté et d'une simplicité qui s'accordent merveilleusement avec la franchise et la cordialité de la nôtre. Le docteur T***, notre ami, fera le mariage civil à la Mairie après que Paul et Berthe auront communié ensemble, le matin, à ma messe. Et le lundi, à midi, j'aurai le bonheur de consacrer définitivement leur union en leur donnant la bénédiction de Dieu.

Hier, à la fin du repas, M. S*** se leva, et, d'une voix émue, porta la santé de notre père et celle de notre chère maman, en me chargeant de leur exprimer les meilleurs sentiments de son cœur. C'est ce que j'ai fait, heureux de penser que cette bonne nouvelle allait réjouir grandement toute notre famille.

1867

26 Février.

Hier, je célébrais le mariage de mon
frère Paul et de Mlle B. S***.

Et aujourd'hui, à cette heure, où êtes-
vous, couple heureux que j'ai béni du
meilleur de mon âme ?... Vous vous êtes
envolés pour jouir, sans le secret d'un
voyage lointain, de tout votre bonheur.
Goûtez-le sans mélange; et rapportez des
charmantes plages italiennes que vous
allez parcourir des souvenirs qui embel-
liront et embaumeront tout le reste de
votre vie. Au jour de l'épreuve, vous
aurez besoin de revoir, en esprit, ces lieux
charmants, de faire revivre vos plus
douces joies; Dieu vous les ménage pour
vous être, plus tard, une consolation et
une force.

26 Décembre.

Hier soir Paul et sa femme dînaient
avec nous en compagnie de Numa, d'Eugène, de Daniel et de M. Paulin P***. La

petite Marthe était aussi de la partie, en ce sens qu'elle dormait près de sa mère !...

J'ai écrit aujourd'hui à mon père, pour lui offrir du meilleur de mon âme tous mes souhaits de prêtre et de fils, ainsi que mes vœux d'heureuse année pour maman, pour mes chères sœurs, pour mon frère Hippolyte et pour tous les autres membres de la famille enfin pour ma mère nourrice, la mère Félicité, nos amis, nos connaissances, et, surtout, nos bons prêtres de S.... J'étais heureux en faisant l'énumération de tant d'êtres chers à mon souvenir. Rien n'est bon pour le cœur comme l'expansion de la tendresse et de la reconnaissance. Comme ils sont à plaindre les malheureux qui ne savent plus ou qui ne peuvent plus aimer !...

J'ai dit une messe d'actions de grâces. La journée de Noël a été remarquablement belle. Aujourd'hui le ciel est triste et le temps froid. Je lis près de ma petite table ronde sur laquelle se trouvent rassemblés mes vieux amis : ma bible hébraïque que j'étudie plus que jamais. le livre des psaumes de l'abbé B***, les sermons de Bossuet, l'histoire de Cantù... et les fables de la Fontaine qui avec les vers gracieux et nobles de Torquato Tasso, forment le plus doux aliment de mes récréations.

Mais j'entends la cloche qui sonne les Vêpres de Saint-Etienne... Je vais aller les chanter avec bonheur dans notre grande église.

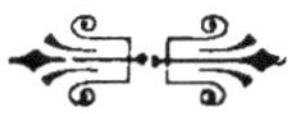

1868

19 Mars.
Fête de saint Joseph.

C'est aujourd'hui qu'à S... ma sœur
a dû épouser M. G***, notaire près du Puy.
J'aurais dû aller bénir cette union et
dire de vive voix à ma chère sœur et
filleule, les vœux ardents que je forme
pour son bonheur. Mais je ne le pouvais
pas, sans une sorte d'imprudence, et
j'espère, que, quoique je sois loin d'eux,
mes prières n'en seront pas moins exau-
cées. Marie m'a écrit avant-hier : sa joie
est troublée par le tourment que lui cause
la maladie de mon père. Pauvre père! nous

avons encore bien besoin de lui et son absence jetterait peut-être la perturbation dans la famille. O mon Dieu, ayez pitié de lui et de nous. Rendez-lui, la santé et conservez-nous-le bien longtemps encore à notre tendresse!...

20 Mars.

Une dépêche télégraphique nous apprend que notre père est allé subir une opération à Marseille et que son état inspire des craintes sérieuses. Emile est allé le rejoindre et nous invite à partir...

23 Mars.

Nous voici arrivés à Marseille. Nous avons trouvé notre père hors de danger. Emile va retourner à Dijon. Nous resterons Joseph et moi près de nos parents.

26 Mars.

Le mieux continue. Nous obtenons de maman qu'elle vienne, avec nous, faire une promenade en mer.

27 Mars.

Joseph quitte Marseille pour rentrer à Paris, et moi qui désire ne m'éloigner définitivement que lorsque mon père sera tout a fait guéri, je cède aux instances qui me sont faites par mon parent d'Alger pour aller visiter sa propriété d'Hussin-day.

9 Mai.
Vendredi.

Jour de bénédiction, car j'ai bien souffert et dans mon corps et dans mon âme... *Si scires donum Dei! Christus mortuus est vobis. Estinquem exemplum et sequamur vestigia ejus... Mortui estis et vita vestra abscondita est cum Christo in Deo...*

Mourir à soi-même ; se laisser broyer sans se plaindre ; s'entendre juger sévèrement, contre toute raison ; refouler dans son cœur l'orgueil de sa dignité blessée ; s'humilier sans arrière-pensée en priant pour ceux qui vous font tant de mal et dire avec le Sauveur mourant: *Ignosce illis, pater, nesciunt enim quid faciunt...* en un mot se mettre, par le chaste amour de Dieu, au-dessous de tous les autres et se considérer comme un ver de terre qu'on fait bien d'écraser, c'est le devoir du prêtre bien plus encore que du chrétien. Mais, pour le prêtre, comme pour le chrétien, c'est un devoir que la nature comprend et accepte difficilement. L'âme souffre, alors, une sorte de déchirement affreux ; les pensées de l'orgueil montent au cerveau ; le cœur est comme un abîme de sensations désagréables. La lutte se prolonge ; et malheur à soi si l'on ne prie pas, si l'on ne crie pas vers Dieu, si l'on n'embrasse pas sa croix... Ah ! *Domine Jesu, salva nos, perimus...*

10 Mai.

Que de choses accomplies depuis le 19 Mars : *Sit nomen Domini benedic-*

tum!... Je me borne à répéter ces paroles parce qu'elles résument nos sentiments de reconnaissance envers Dieu qui n'a pas voulu nous priver de mon père et l'a comme arraché à la mort.

Ceci fait allusion à l'opération chirurgicale que mon père a subie, en Mars dernier, à Marseille, et à toutes les péripéties auxquelles a donné lieu cette opération : la fièvre qui a mis mon père à deux doigts de la mort — Le voyage de mes frères et le mien à Marseille — Ma visite aux Sainte-R*** en Algérie — Mon heureux retour à Paris après avoir trouvé, à Marseille, mon père assez bien rétabli pour pouvoir reprendre, avec ma mère, le chemin de nos Alpes.

JUILLET.

Mois de vacances passé en grande partie aux Eaux de Cauterets, en compagnie du docteur T*** qui me loge chez Mme Levens, rue de la Baillière, 15. Je prends mes repas en commun avec

M. l'abbé Tanoux, de Marseille; M. l'abbé Danelli, prêtre de Smyrne; M. l'abbé Lecomte, de Rennes; professeur de mathématiques au petit Séminaire de Tours; M. l'abbé Dufour procureur du petit Séminaire de Cambrai; M. l'abbé Colomb mariste, professeur au Séminaire de Moulins; M. Miel, lazariste, chapelain de Saint-Louis-des-Français à Lisbonne. Je retrouve à Cauterets le P. Lavigne ex-jésuite, actuellement vicaire général de Nice et Curé de l'église de la colonie française, à Nice. Ce bon Père prêche une retraite dans l'église de Cauterets et termine par un appel à la charité des fidèles en faveur d'un asile créé pour recevoir les baigneurs pauvres.

J'entre en relations à Cauterets avec la famille S*** de Carcassonne, la famille E*** du Havre, la famille S*** de Toulouse.

Je fais de très agréables excursions, avec mes nouveaux amis, au pont d'Espagne, au lac de Gaube, à Gavernie. Je reviens en voiturin avec M. P*** de la C*** (maire du premier arrondissement de Paris), jusqu'à Lourdes. Je m'arrête, ensuite, le long de ma route, pour visiter Toulouse, Périgueux où j'ai la consolation de dire la messe à la cathédrale et de prier auprès du tombeau de Mgr Baudry ; enfin je rentre à Paris par Limoges et Orléans.

Du 13 au 18 Septembre.

Je suis la retraite ecclésiastique présidée par Mgr Darboy et prêchée par Mgr Maret, évêque de Sura. Les méditations sont faites par M. Icard. Les entretiens de deux heures par Mgr l'Archevêque.

19 Septembre.

Une double dépêche m'annonce la maladie, le danger, la mort de ma sœur Eugénie. C'est un véritable coup de foudre. Joseph, Hippolyte, Paul et Daniel, tous les quatre nous mêlons nos

larmes et nos prières. Pauvre Alfred !...
et les trois malheureux petits orphelins,
Henriette, Gustave et Amélie !... Et mes
pauvres parents !... O que nous avons
besoin de la grâce de Dieu !...

21 Septembre.
2 h. 1/2.

A cette heure, probablement, tout est
fini... Ils ont prié et rendu à la terre ce
qui leur appartient... O âme de ma
pauvre sœur, tu es affranchie de toutes
les épreuves, de toutes les douleurs !...
Tu es dans le sein de Dieu, je l'espère !
prie donc pour nous, prie pour ce pauvre Alfred dont le cœur doit être brisé
et dont l'avenir va devenir si pénible,
prie pour nous qui t'aimions tant, ma
sœur, ma chère sœur Eugénie !...

Novembre.

Je viens de relire la vie de Fénelon
par le cardinal de Beausset. Cette lecture m'a vivement intéressé. Elle m'ins-

pire le désir de mieux connaître le siècle de Louis XIV. Si j'avais le temps j'en ferais une étude approfondie aux divers points de vue de l'organisation civile, militaire, religieuse. Je lirais, ou je relirais les ouvrages excellents qu'il a produits et qui seront toujours l'honneur de l'esprit humain et la gloire de la France. Je me pénètrerais de leurs idées et de leurs maximes ; je les comparerais avec les maximes et les idées de notre siècle; heureux de nos progrès, malheureux de nos déchéances...

Éducation des filles. — Une mère de famille, une maîtresse de pension, une institutrice, un catéchiste, même, ne devraient jamais se lasser de méditer ce petit écrit de Fénelon : il renferme, dans ses courtes pages, ce qu'on a jamais pensé et dit de mieux sur la nature, les qualités, les défauts, le juste développement de l'esprit et du cœur des enfants, des filles en particulier. Il n'y a pas un mot à reprendre: toutes les observations sont à leur place : exactes, sobrement présentées, fines, judicieuses, péremptoires.

1869

J'ai reçu, dans le courant de ce mois, une lettre de mon bon abbé Milochau : « Je ne veux pas, m'écrit-il, laisser trop s'avancer la nouvelle année sans vous faire une petite visite et vous porter, moi-même, mes vœux : que Dieu vous cacorde, selon la formule de saint Paul : tous les biens...

1869 nous a donné le beau temps : faut-il y voir un présage ? Il débute par la conférence et finira par le Concile. Les évêques feront plus pour le bien du monde que les diplomates : et leur assemblée laissera autrement de traces dans l'histoire.

Je rencontrai hier le Saint Père à la promenade. Il était rayonnant de santé et de bonne humeur. Il portera allégrement, malgré son âge, les fatigues du Concile. Quelle merveilleuse destinée ! et quelle distance nous sépare de Pie VI mourant à Valence et de Pie VII captif à Fontainebleau !... Ils n'avaient que l'humilité de l'agneau dans son sacrifice : Pie IX, au milieu du monde conjuré contre lui, nous le présente dans la gloire et la majesté de son triomphe...

Je prends part cher ami, à vos inquiétudes pour Monsieur votre père, et je prie Dieu de vous le conserver longtemps encore. »

Hélas oui, mon pauvre père est bien gravement malade ; et les deux lettres qu'il vient de m'écrire m'apportent à nouveau le récit de ses cruelles douleurs. Pauvre père ! il a déjà été opéré et peut-être, devra l'être encore. Son état l'inquiéte et l'attriste beaucoup. Heureusement qu'il a ma mère près de lui. Il m'écrit qu'elle le soigne avec un amour et un courage admirables. Que ne puis-je l'aider dans cette tâche, en veillant notre père avec elle ! Mon Dieu ! ayez pitié d'eux ! je vous en conjure et vous en prie de tout mon cœur.

Mon bon père et ma mère me félicitent de ma nomination au premier vicariat de Saint-Eustache. Émile m'écrit aussi que cette nouvelle l'a rendu bien heureux. Il me demande si j'ai pris possession de mon nouvel appartement ; le déménagement ne sera pas bien difficile, puisque je n'ai qu'à descendre au second étage du presbytère, me fait observer Émile, et il imagine que Jeannette doit se dire plus d'une fois *in petto*, avec un légitime orgueil, qu'elle sera, dans un avenir prochain, la bonne d'un *Curé de Paris*. Émile est bien aimable, mais, pour le moment, je trouve ma tâche suffisante et je ne demande à Dieu que de la remplir le moins mal possible.

16 Février.

Dilexit me et tradidit semetipsum pro me.

Je voudrais buriner ces paroles en lettres d'or ou, plutôt, les graver en traits de flammes dans mon cœur. Jésus-Christ qui est le Dieu immortel des siècles, m'a aimé ; lui qui est l'infini, l'éternel bien- heureux, il a aimé un être vil, fini, misérable comme moi. Du sein de son Père, il a abaissé ses regards sur mon néant ; il s'est pris d'amour pour ma misère ; il a dit à son père : « J'irai et je le sauverai... » Et il est venu : *Verbum caro factum est.* Il s'est fait homme, bien plus, petit enfant pour ne pas m'effrayer: plus encore : un petit enfant pauvre... pour ne pas rebuter les pauvres. Puis il a grandi, en me donnant chaque jour de nouvelles marques de son amour: car c'est pour moi qu'il a subi la persécution d'Hérode... les labeurs obscurs de l'atelier... les fatigues de la vie puplique, les contradictions des Pharisiens... que dis-je, les horreurs de sa passion et de sa mort... viens donc, ô homme! viens contempler sur les genoux de Marie, ton Ami couvert de plaies... et dis s'il pouvait t'aimer davantage!...

26 Février.

J'écrivais les lignes précédentes à l'occasion de la fête des Cinq plaies... Depuis lors, nous avons fait, M. Couillé et moi, deux instructions sur la Passion, à 9 h. 1/2, après la messe de M. le Curé... Ce matin j'ai essayé de retracer à l'esprit et au cœur des fidèles les souffrances morales de Notre-Seigneur Jésus-Christ au Jardin des Oliviers. Massillon a bien décrit l'épouvante, la terreur, l'horreur extrême que la vue des péchés du monde qu'il consentait à prendre sur lui, pour les expier, produisit dans l'âme si pénétrante, si sainte et si aimante du divin Maître. Le docteur Newmann me paraît avoir poussé son analyse plus loin encore que l'illustre Oratorien. Dans ses études sur la Passion, le prêtre anglais a su pénétrer jusqu'au cœur même de la situation créée à Notre-Seigneur Jésus-Christ par son dévouement incomparable. La page où il retrace les souffrances intérieures de la divine victime décèle un esprit de philosophe et un cœur de saint...

28 Février.

Les nouvelles qui me viennent de Marseille sont toujours très tristes. Ma mère m'écrit que l'état de mon pauvre père ne s'améliore pas et qu'il s'en affecte vivement. Elle a bien de la peine à chasser les idées noires qui le poursuivent, et elle-même a eu la grippe. Les visites de mon frère Emile et nos lettres sont les seules consolations qui paraissent faire un peu de bien à nos pauvres parents, éloignés de leur pays et de leur famille, isolés à Marseille. Ma mère voudrait pouvoir retourner à S… Elle regrette vivement d'être obligée de renoncer au bonheur d'assister au baptême des petits anges que le bon Dieu va envoyer à mon frère Paul et à mon frère Emile et dont elle devait être la marraine. Mais elle sacrifie toutes ces joies pour rester auprès de notre pauvre père dont elle est l'ange gardien et qui a tant besoin de sa présence, de ses soins et de son affection.

Mon beau-frère G*** et sa femme m'ont écrit pour m'adresser leurs affectueuses félicitations au sujet de mon avancement. Ils ont vu ma nomination dans le journal "Le Monde" et ils s'en réjouissent, estimant qu'elle fera un peu compensation aux malheurs qui frappent notre famille si éprouvée depuis un an.

16 Mars.

Ma mère m'écrit de Marseille que mon père est toujours dans un aussi triste état physique et moral. Elle se trouve perdue dans cette grande ville et privéé de ne pouvoir aller souvent à l'église, à cause de ses douleurs. Pauvre mère! comme elle doit souffrir, séparée de tous ses enfants et obligée de dissimuler ses inquiétudes à son cher malade pour ne pas augmenter ses propres angoisses! Ah! que Dieu leur vienne en aide et donne à nos pauvres parents la patience, la résignation, le calme et la paix dont ils ont tant besoin.

J'ai reçu une affectueuse lettre de ma chère petite sœur Joséphine qui regrette bien, comme nous, de ne pouvoir aller rejoindre notre mère pour adoucir son chagrin.

12 Avril.

Voilà nos pauvres parents rentrés enfin à S... Mon frère Emile a été les chercher à Marseille pour les ramener chez eux. Du moins, ma mère ne se fatiguera plus tant auprès de mon pauvre père. Hippolyte et nos chères sœurs qui sont

si dévouées, Ernestine et Joséphine pourront la remplacer quelques instants à son
chevet lorsqu'elle sera fatiguée. Mais
quel sera le terme d'une si longue et si
douloureuse maladie? Hélas! tout est à
craindre et l'on ne peut guère concevoir
l'espoir d'une amélioration notable. Nous
devons donc redoubler nos prières et nos
supplications pour obtenir du ciel les
forces et les consolations dont nous
avons tous besoin.

17 Avril.

J'ai relu le sermon de Bourdaloue pour
le troisième dimanche après Pâques, sur
les divertissements du monde. Quelle
admirable logique et quelle connaissance
des vices du monde! Comme il sait faire
la part de toutes choses! flétrir et con-
damner ce qui mérite de l'être! permettre
ce qui est légitime! avertir des dangers
qui sont cachés sous les divertissements
en apparence les plus innocents, tels que
la promenade!...

*Mundus gaudebit, vos autem contrista-
bimini; sed tristitia vestra vertetur in
gaudium...* O mon âme, pèse bien ces
paroles. Tu ne t'étonneras plus de tant
de misères, de tant d'ennuis, de tant de
peines qui fondent sur toi. La vie est un
combat de tous les jours, être chrétien
et souffrir, c'est tout un. Prie... combats...
souffre... le ciel sera ta récompense.

3o Juin.

Aujourd'hui m'arrive une bien bonne
lette de B... Ma sœur Marie aurait bien
voulu que je puisse aller baptiser sa
chère petite fillette. Monsieur le Curé
n'a pas cru devoir consentir à ce qu'on
reculât la cerémonie jusqu'au mois de
septembre... Il tarde à ma sœur de voir
arriver le moment où j'aurai le plaisir
de faire connaissance avec son mari:
mais hélas! les nouvelles de S... sont
soujours aussi mauvaises et nous laissent
tous le coup d'un malheur imminent.

1869

8 Aout.

Dépêche d'Hippolyte: notre père est
très-mal...

10 Aout. *7 h. 1/2.*

. Lettre d'Hippolyte et lettre d'Emile...
journée d'angoisse.

6 h. 1/4.

Dépêche de S.... Tout est fini !...
Nous avons vu Paul et Berthe...
Pauvre père!...

15 Aout.

J'ai reçu de M. l'abbé Dedouc, de mon
cousin R***, et du bon abbé Charles; des
lettres pleines d'affection dans lesquelles
ils m'expriment toute la part qu'ils
prennent à notre profonde douleur. Ils
avaient su apprécier les qualités élevées
de cœur et de caractère qui distinguaient
notre père. Emile, plus heureux que moi,
m'écrit qu'il est arrivé le 12, à 4 heures du

matin, à S... et qu'il a revu avec une vive peine, mais avec une grande consolation notre pauvre père dont le visage, après la mort, avait repris toute sa sérénité et conservait une expression indéfinissable de paix, de douceur et de majesté. Il ne doute pas qu'il ne jouisse aujourd'hui, dans le sein de Dieu, du calme et de la félicité suprême. Notre père chéri avait été administré dimanche dernier ; et, depuis ce moment, il n'avait laissé échapper aucune plainte, aucun murmure. La mort est arrivée sans agonie, sans secousse. Ses idées noires avaient disparu ; la confiance avait repris place dans son cœur. La lutte était terminée. Dieu voulait donner à notre mère cette consolation immense de le voir mourir dans des sentiments de paix et de résignation admirables. M. le Curé qui a été bien bon pour notre famille dit que mon père s'est parfaitement confessé et qu'il a fini comme un juste.

Emile m'apprend, ce qui ne m'étonne

pas, que maman et nos sœurs sont très pâles, mais courageuses, qu'Hippolyte a été d'un dévouement complet, que Marie et Alexis viennent d'arriver à S.... Vous y viendrez aussi, Joseph et toi, ajoute-t-il, nous entourerons maman de tant d'affection qu'il faudra bien qu'elle reprenne goût à la vie !.

C'est hier qu'a eu lieu la cérémonie funèbre. De nombreux amis y assistaient. M. Auguste L*** a prononcé, sur la tombe, de notre père, des paroles émues. Pauvre père chéri !... reposez en paix ! vos enfants n'oublieront jamais combien vous vous êtes fatigué pour eux, et ils s'efforceront de marcher sur vos traces dans la voie de la piété, de l'honneur, et de l'amour du devoir.

30 Aout.

M. Lagarde, vicaire général de Paris, M. Banes, président de la conférence de Saint-Vincent de Paul, à Saint-Germain-l'Auxerrois, mon cousin S^te R***, l'abbé

Rambouillet, l'abbé Quignard, M. Chambellan, M. D***, notre excellent ami Boiteux, M. de Cuttoli l'abbé Imbert Pierre, ma chère belle-sœur Berthe Emile, et, enfin, M. Milochau m'ont tous écrit, depuis le cruel événement, pour m'assurer qu'ils s'associaient à notre douleur et aussi à nos espérances. Je suis bien touché des sentiments d'affection et de profonde estime que tous portaient à notre père, et des prières qu'ils font pour lui et pour nous tous dont le cœur est si déchiré.

5 Novembre.

Quelle affreuse nouvelle je viens d'apprendre !... L'enfant d'Emile, le beau petit Camille qui était resplendissant de santé vient d'être enlevé par le croup! Emile et sa femme sont bien malheureux.

Ils aimaient tant ce pauvre petit!... Pour lui, il n'est pas à plaindre et son sort me fait envie, car il va voir le bon

Dieu, et il est délivré de toutes les peines de l'exil, de toutes ses amères tristesses.

31 Décembre.

Je reçois une lettre de mon bon frère Emile. Il m'offre ses vœux et m'apprend qu'Hippolyte se marie, décidément, le 18 Janvier prochain. Il m'annonce, en même temps, que notre sœur Marie vient d'avoir un petit garçon, mais si chétif qu'on craint qu'il ne vive pas. Joséphine a écrit à Emile ces jours-ci et lui a donné de bonnes nouvelles de la maison. Notre mère va bien, quoique fort triste. Les fêtes de Noël lui ont rappelé de bien douloureux souvenirs. Que Dieu console cette pauvre mère et lui donne du courage et de la force!...

Le petit Henri grandit et m'enbrasse *bien et encore*, c'est son expression. Il apprend, paraît-il, sérieusement à lire.

1870

Je reçois de Monsieur S*** la lettre suivante : « Très cher et excellent ami, je regrette que mon état de santé ne me permette pas de vous porter la réponse à la demande que vous nous avez fait l'honneur de nous adresser. Cette réponse étant favorable à nos mutuels projets, nous vous prions de vouloir bien venir avec M. Joseph, lundi prochain, 24 courant, passer la soirée chez nous. Veuillez agréer mes sentiments d'amitié et de respect. »

Cette réponse favorable, c'est son consentement à l'union de mon frère Joseph avec Mlle Clotilde S***, sœur cadette de Berthe S*** qui a épousé mon frère Paul. Mlle Clotilde paraît très attachée à Joseph. Elle a refusé les autres partis qui lui ont été offerts. Elle trouvera dans mon frère un mari dévoué ; et je ne doute pas qu'il ne trouve à son tour, en elle, une femme sincèrement pieuse et bonne. Que Dieu les bénisse tous les deux et les fasse croître chaque jour, dans le respect et l'amour de sa sainte loi !...

8 Avril.

Ma cousine Hélène B***, devenue la femme de mon frère Hippolyte, m'écrit une bonne et affectueuse lettre pour me remercier du cadeau que je lui ai envoyé à l'occasion de son mariage. « Voilà déjà deux mois, ajoute-t-elle, que je puis vous appeler du nom si doux de frère, je vous assure que j'en suis bien heureuse. Mon cher Hippolyte me donne autant de bonheur qu'on peut en posséder sur la terre. Notre mère se porte bien et va se promener quand il fait beau. Elle vient quelquefois dîner, chez nous, avec Joséphine et Ernestine. Hier mardi, elles sont venues et nous avons bien parlé de vous tous... Ma grand'-mère B*** se porte à merveille, ce qui ne l'empêchera pas d'aller à Vichy, au mois de Juillet. Elle me charge de vous dire les choses les plus affectueuses... Je me recommande, mon cher abbé, à vos bonnes prières, et je me dis, toute heureuse, votre petite sœur H***. »

24 Juillet.

Je viens de parcourir les 4 volumes de l'histoire de saint Vincent de Paule par l'abbé Maynard, et de prêcher, vingt minutes, sur ce grand sujet à la confrérie. Je suis tout saisi, tout pénétré d'une pareille existence, d'une vie si admirable, si constante dans le bien, si féconde. — *Cœpit Jésus facere et docere pertransivit benefaciundo.* N'est-ce pas ce qu'on peut dire, toute proportion gardée, de saint Vincent de Paule ? Avant de prêcher la vertu, d'instituer ses congrégations, de fonder ses œuvres, n'a-t-il pas été d'abord vertueux et éprouvé de toutes manières ? Il a connu, par expérience, la plupart des maux et des souillures de l'humanité : *tentatum per omnia, absque peccato.* C'est la souffrance de l'enfance, de la captivité, des galères, de la pauvreté sous toutes ses formes qui a ouvert son intelligence et lui a donné *le génie de la charité...*

O saint Vincent de Paule ! depuis longtemps je désire être un saint prêtre... Mais, hélas ! que de misères en moi ! que d'arrêts, que de chutes dans mon avancement spirituel !... O vous qui avez eu la gloire de faire refleurir l'esprit ecclésiatique, je vous prie de m'obtenir de Dieu le courage qui me manque pour réparer le passé et vivre désormais saintement.

2 Octobre.

Le vénéré Curé de Saint-Eustache me fait remettre la lettre ci-dessous dans laquelle il a eu la bonté de glisser un billet de 100 francs.

Mon cher premier vicaire.

J'ai à vous adresser une petite requête et à vous faire une petite prière. Je ne crois pas pouvoir m'adresser à personne de plus sûr que vous et de plus discret.

Ce serait de faire passer entre les mains de l'abbé S*** cette petite pelure d'oignon, qui, m'a-t-on dit, a la vertu de combler subitement le vide là où elle est appliquée.

Nous sommes dans un temps où les vides sont comme à l'ordre du jour; je désire qu'il s'en fasse l'application; et si l'application faite, il s'en trouve bien, dites-lui, s'il vous plaît, que je suis encore et toujours à sa disposition. J'ai trouvé une bonne occasion et je serai heureux de la partager avec lui.

> Votre tout dévoué curé,
> Simon, curé de St-Eustache.

Cet excellent prêtre ne se trompe pas en supposant que ce don d'une petite somme ronde pourra me rendre grand service en ce moment où notre casuel est nul. Mais le don me touche moins que les termes délicats dont il se sert pour me le faire accepter.

Décembre.

Paul et moi nous avons assisté du haut du Père-Lachaise, à la bataille de Champigny, et, à celle du Bourget du sommet de la butte Montmartre.

Nous n'avons plus d'autre viande que du cheval, d'autre légume que du riz, n'ayant fait aucune provision au commencement du siège.

1870

Décembre.

En ce moment M. H. Martin est un des
20 maires de Paris, et son républicanisme
de la veille lui a ménagé les honneurs du
lendemain. Puisse l'exercice du pouvoir,
dans les cruelles circonstances que nous
font les Prussiens, apprendre à M. Martin
la valeur de ce qu'il appelle *le dogme
des temps nouveaux*. Ce dogme, en effet,
qui est la négation de toute divine révé-
lation, de toute religion positive, de
toute autorité doctrinale... ce dogme
qui exalte les droits de l'homme en niant
les droits de Dieu, les droits de son Christ
et les droits de son Église. — Ce dogme,
formulé par les révolutionnaires du dernier siècle, ne demande qu'à progresser
suivant les idées de nos révélateurs con-
temporains... Messieurs de Belleville et
d'ailleurs nous en exposent chaque jour
les conséquences; et qui sait, après la
guerre, ce que la paix nous apportera
avec la domination de ces *progressistes*

de la Providence qui semblent ne se servir du mot de libre arbitre que pour
anéantir la liberté de ceux qui ne parta-
gent pas leurs idées. On a parlé de
scènes déplorables arrivées à Lyon et à
Marseille. M. Martin aura peut-être assez
d'empire sur ceux dont il est l'oracle
pour leur persuader d'être justes et de
respecter, *en autrui*, cette noble faculté
qu'il a tant exaltée...

1871

Promenade avec Paul par les bou-
levards intérieurs, l'avenue des Champs-
Élysées jusqu'au Trocadero — canonade — neige... Joseph et Paul ont envoyé leurs femmes, le 6 septembre 1870,
avec les deux petites filles Marthe et
Marguerite, à Dijon, chez Emile, chargé
de l'entretien de la voie depuis Dijon
jusqu'à Pontarlier. De là elles ont dû se
rendre à S... Joseph, incorporé dans la
garde nationale du Ministère des cultes,
va monter la garde au grand Montrouge
et Paul aux Buttes-Chaumont.

10 Janvier. *8 h. 1/2 du soir.*

Promenade jusqu'au pont de la Concorde avec Joseph et Paul — entendu plusieurs obus éclater dans le faubourg Saint-Germain. — La neuvaine de sainte Geneviève interrompue par les obus prussiens. — *Surge, Domine, et dissipentur inimici tui.*

10 h. 1/2.

Canonade très vive.

15 Janvier.

Ama nesciri et pro nihilo reputari. Sit nomen Domini benedictum. Confortare et esto vir.

16 Janvier. *4 heures.*

Première leçon aux jeunes Charles et Elie M*** chassés de Saint-Louis par les obus prussiens. Nous avons expliqué un passage du *selectæ è profanis* sur l'amitié.

1871

Ipsœ amicos res optimœ pariunt, ad-
versa probant.

(Publ. Syr.)

Poscuut fidem seconda, at adversa
exigunt

(Senee. Agumen. V. 934.)

La prospérité donne des amis, l'adversité les éprouve.

La prospérité réclame le dévouement,
l'adversité l'exige.

17 Janvier.

Responsum dulce...
Frater qui adjuvatur à Fratre civitas
firma ; et judicia quasi vestes urbium.

(Prov. 18, 19.)

18 Janvier.

Je deviens décidément très enrhumé,
toux fréquente m'empêche de dîner.

19 Janvier.

Le médecin me confine au lit où je
reçois la visite de M. B*** et de M. C***.

J'ai tout le loisir d'examiner les meubles de ma chambre et de comparer mon appartement actuel avec celui que j'occupais lorsque j'étais second vicaire.

Dans mon appartement du quatrième j'avais : 1° à l'entrée, une antichambre : 2° une petite pièce pour recevoir, (service des convois) 3° ma chambre à coucher toute petite, 4° mon salon servant de salle à manger, 5° une pièce où couchaient mes frères; et de l'autre côté du corridor qui longeait les deux trois premières pièces : une chambre à coucher pour la bonne (sur la cour) et une cuisine.

Dans mon appartement actuel du second étage, je n'ai plus mes pensionnaires, et je me suis enrichi d'une plus belle chambre et d'un grand salon donnant sur la rue Montmartre...

Je fais faire un peu de punch à mes pauvres frères, revenus des fortifications tout transis de froid. Mon ordinaire se compose de riz à l'huile.

1871

20 Janvier.

Je suis obligé de garder encore le lit.
M. le Curé vient me voir...

21 Janvier.

J'entre en convalescence. Mais Paul
est souffrant.

22 Janvier.

Je vais visiter les pauvres malades de
l'ambulance de M. Dupont qui sont
actuellement au nombre de quatre :
Armand Fortin, 25 ans, de Boigny
(Loiret), Joseph Surget, 25 ans, de
Notre-Dame-de-Grâce, (Loire-Inférieure),
Joseph Regent, 21 ans, de Saint-Nicolas
de Redon, (Finistère), Emile Gadulot,
22 ans, (Seine-Inférieure).

M. Dupont, imprimeur et député sous
l'empire, a ouvert une ambulance pour
les soldats blessés dans sa maison —
Cour des fermes. — Depuis que j'ai fait
faire sa première Communion à sa fille

Pauline, nous avons conservé d'amicales relations avec toute sa famille.

24 Janvier.

Quelle nouvelle !... Mgr d'Ajaccio, M. de Cuttoli, mort de la petite vérole, après 4 mois d'épiscopat !.. Il avait été sacré à Rome par Mgr Darboy pendant le Concile, je lui avais donné son anneau, une belle améthyste dont on m'avait fait présent... Pauvre et cher ami ! Tu sais, en ce moment, ce qu'est Dieu, et combien il mérite qu'on lui sacrifie ce monde d'un jour !...

Mgr l'Archevêque, clôturant l'adoration extraordinaire de Notre-Dame, a fait ressortir cette double pensée : que la souffrance nous est très salutaire comme expiation et comme leçon; et qu'il faut prier avec humilité, confiance et persévérance au milieu de nos cruelles épreuves.

1871

26 Janvier.

Quatrième Pèlerinage de la paroisse
Saint-Eustache à Notre-Dame-des-Victoires. M. le Curé de Saint-Eustache prêche et donne le salut. Bruit d'armistice.

27 Janvier.

Déclaration du gouvernement relative
à l'armistice. Visite avec Paul à M. l'abbé
Vacher ancien aumônier de Mazas, en
retraite à Marie-Thérèse. Le tableau qui
représente sa chapelle domestique lui
donne occasion de nous raconter plusieurs scènes touchantes de sa vie de
famille. M. Vacher a 73 ans.

28 Janvier.

Je vais voir les pauvres malades de
l'ambulance Godard, 13 rue de la Ju-
sienne.

30 Janvier.

Epître de saint Paul aux Thessaloniens:
quelle noblesse de sentiments et quelle
tendresse!... ah! si tous les prêtres

étaient des *Saint Paul* au moins pour le désintéressement et la charité!...

Scène touchante dans son horrible tristesse!... Un père venant lui-même ensevelir dans un drap blanc son fils, pauvre mobile mort à l'ambulance et apporté dans la tour de Saint-Germain-l'Auxerrois.

31 Janvier.

Premier jour du Triduum de prières avec exposition du Saint Sacrement à Saint-Eustache. 4 heures, litanies de la sainte Vierge. — Allocution par M. l'abbé Leclerc, premier aumônier du lycée Descartes. Monseigneur parle de la douleur éprouvée par nos revers, par notre dernier désastre surtout; et nous engage a conserver l'espérance, à pratiquer la charité, à persévérer dans la prière.

9 Février.

Reçu lettres d'Hippolyte, de Numa, puis d'Elise et de Marie.

Je suis aujourd'hui *un enfant de qua-rante ans!*

12 Février.

O Jésus, ô semeur adorable de la parole de Dieu, ô vous qui du sein du Père Éternel avez daigné descendre sur la terre pour nous apprendre le secret de toute vérité et de toute vertu, ô Verbe fait chair, ô Parole incréée, donnée au monde par Marie, votre très sainte Mère, ô Maître, ô Sauveur, ô Ami caché depuis le Cénacle sous les voiles eucharistiques et sous l'enveloppe de l'enseignement de votre Église pour entrer dans nos âmes comme l'aliment de notre être, de notre esprit comme vérité, de notre cœur comme ami, de notre corps comme principe de pureté et d'immortalité, ô Jésus, mon Sauveur et mon tout, arrachez-moi, je vous prie, aux vaines sollicitudes de la vie; faites-moi mépriser les richesses, les honneurs, et les faux plaisirs de ce monde qui passe;

rendez-moi, comme Marie et les Apôtres fidèles, l'auditeur respectueux et l'ouvrier infatigable de votre parole ; ou plutôt rendez-moi, comme vous l'avez dit vous-même, votre image sur la terre par l'accomplissement de toute justice, afin de mériter votre éternelle possession dans le ciel...

14 Février.

Visite à la chapelle des Dames Carmélites, avenue de Saxe, où se trouve la sœur de M. l'abbé Chol, sœur Béatrix de Jésus.

23 Février.

Je célèbre la messe pour le pauvre M. Zirardini dans la chapelle expiatoire... Je l'avais mariée avec Mademoiselle M***, à l'église de la Madeleine, au mois de Janvier 1865. Ils vivaient tous deux fort modestement, lui, occupant le poste de professeur au coilège Chaptal (il enseignait la littérature italienne). Aujourd'hui, sa pauvre femme n'a pas même l'argent nécessaire pour le faire enterrer. — Je viens à son aide, et je conduis le cher ami à sa dernière demeure, cimetière Montmartre.

28 Février.

C'est demain, à 10 heures, que les Prussiens doivent entrer dans Paris et occuper le quartier des Champs-Élysées. On a bien fait de voiler de crêpe les statues des villes de France qui se trouvent sur la place de la Concorde. Il faudrait que tous les habitants de Paris, pendant les jours de cette occupation néfaste, sussent se tenir dans leurs maisons et faire le vide absolu autour de leurs ennemis...

1er Mars.

Jour de deuil pour Paris et la France. Les Prussiens souillent de leur présence la capitale du monde civilisé.

Hélas ! il n'a jamais fait si beau temps !

1871

2 Mars.

Temps splendide. Nouvelles de Bordeaux. Ratification des préliminaires de paix à une majorité immense. Paris se tient bien. Boutiques fermées... Journaux ne paraissent pas...

3 Mars.

Temps magnifique. Paul va partir à 3 heures pour aller rejoindre sa famille à S... Joseph a pu déjà obtenir son congé. Je vais rester seul, dans une attente bien pénible des nouvelles et des événements. Je continuerai à faire les exercices du Carême à Saint-Eustache et passerai quelquefois la soirée chez la pauvre Mme S***, où se trouve, en ce moment, sa nièce Amélie, religieuse des Dames de Sainte-Clotilde, qui a été obligée de quitter son couvent pendant le siège.

26 Mars.

J'apprends la triste nouvelle de la mort de M. l'abbé Vernhes, premier vicaire de Saint-Leu. C'était un saint prêtre.

Je continue à présider les réunions de la confrérie de la sainte Vierge, tous les dimanches ; et à prêcher à tour de rôle, avec M. Coullié, les instructions du mardi et du vendredi sur la passion de Notre-Seigneur.

2 Avril.
Dimanche des Rameaux.

Depuis le 18 Mars nous sommes en révolution à Paris ; les factieux de Belleville et de Montmartre ont contraint le gouvernement à se retirer, avec perte, à Versailles. La commune est proclamée ; la guerre civile a déjà commencé. Les méchants triomphent et menacent ouvertement quiconque ne les soutient pas.

L'archevêque a reçu des avis officieux de fuir... Il a dit qu'il resterait à son poste, esclave qu'il est et qu'il sera toujours du devoir.

3 Avril.
Lundi.

Jour de deuil !... Arrestation de Mgr l'archevêque et de M. l'abbé Lagarde, de Mgr Surat, du curé de la Madeleine, de l'abbé Croze, de M. le sénateur Bonjean, de Mlle Darboy sœur de l'Archevêque et de bien d'autres personnages encore.

5 Avril.
Mercredi-Saint.

A 4 heures office des Ténèbres.

Nous sommes assez préoccupés des évènements qui se préparent. M. le Curé de Saint-Eustache veut rester à son poste quoiqu'il arrive; je passe avec lui une grande partie de la soirée.

6 Avril.
Jeudi-Saint.

M. le Curé permet à nos jeunes confrères atteints par le décret de la Commune sur les hommes âgés de moins de

40 ans, de quitter la paroisse. M. l'abbé Reynaud, vicaire, au lieu de se déguiser et de fuir, va en soutane à la préfecture de police demander un passeport au citoyen Rigaud qui l'envoie à Mazas avec plusieurs autres ecclésiastiques.

Messieurs Icard, Hogan et Rousselle, du Grand Séminaire, sont conduits à la Conciergerie.

A partir de ce moment je sors en habits laïcs et je laisse pousser ma barbe. Je rencontre dans les halles, que je traverse pour aller chez Madame S***, deux individus qui se disent en me regardant: *Tiens! voilà encore un curé déguisé.*

Rentré à la paroisse, j'apprends que M. le Curé vient d'être arrêté. Il avait officié ce matin et devait faire la cérémonie du Lavement des pieds, aujourd'hui à 3 heures. Me voilà sur la brèche. S'il plaît à Dieu, je ne déserterai pas mon poste.

Ce soir, nous nous sommes concertés avec M. Coullié, M. Bourbonne, M. Magne, neveu de M. le Curé et plusieurs autres Messieurs de la paroisse pour savoir ce que nous devons faire dans l'intérêt du vénéré prisonnier. Mais aucune décision n'a été prise.

7 AVRIL.

Je célèbre les offices du Vendredi-Saint sous les regards des fédérés qui se promènent dans l'église, le képi sur la tête. La journée se passe dans les angoisses, apprenant à chaque instant de nouvelles arrestations.

8 AVRIL.
Samedi-Saint.

A mon lever, Jeannette m'annonce que mes frères sont de retour à Paris. Les malheureux !... ils ne savent donc pas les dangers qui les menacent, et que ce qu'ils ont de mieux à faire est de s'en retourner au plus vite ? C'est ce que je m'empresse de leur faire dire, en attendant que je sois libre de sortir. Puis je

me rends, un peu plus tard, chez Mme S***
où je ne trouve plus que mes belles-
sœurs. Mes frères, s'étant rendus à mes
avis, viennent de partir pour Versailles:
que Dieu les protège!...

Vers le soir, M. Boiteux, le bon M. Boiteux vient me demander l'hospitalité.
Habillé en laïc, il a pu s'échapper de
Saint-Sulpice. Je lui réponds que le
presbytère de Saint-Eustache n'est pas
un lieu plus sûr que le Grand-Séminaire
puisque M. le Curé vient d'être arrêté;
et je l'engage à aller chez les vieilles
demoiselles M*** qui m'ont offert de me
donner asile. — Ce qu'il accepte.

9 Avril.
Saint Jour de Pâques.

A 3 heures du matin, M. le Curé de
Saint-Eustache, rendu à la liberté par la
Commune, vient frapper à ma porte et à
celle de l'abbé Coullié. Il chantera la
grand'messe. L'angoisse des paroissiens

sera remplacé par la joie: Alleluia, Alleluia, Alleluia !

A la grand'messe M. le Curé monte en chaire... Émotion et satisfaction générales... Une grande affluence de peuple va à la sacristie pour voir et féliciter le bon et digne Pasteur. En signe de réjouissance, on fait distribuer des brioches de pain bénit à tous les assistants.

M. Boiteux, revenu à Saint-Eustache pour dire sa messe, me raconte qu'il a couché dans l'atelier de M. F***, rue Taitbout où les demoiselles M*** ont cru prudent de le conduire, s'étant aperçu que les communards avaient remarqué son entrée chez elles. Après la grand'messe, M. Boiteux me quitte pour gagner Versailles.

1er Mai.

Les communards nous entourent et les tristes jours de l'insurrection se succèdent... Nous continuons à dire notre messe le matin, M. le Curé à 9 heures, moi à 8 h. 1/2, M. Coullié à 8 heures et M. Bourbonne à 6 heures.

Ce soir, à 5 heures, nous avons fait l'ouverture du mois de Marie, et nous sommes convenus de le faire tous les soirs, à la même heure.

M. Hurand, maître de chapelle, nous raconte qu'il a fait traverser les lignes des fédérés à plusieurs ecclésiastiques qui ont réussi à sortir de Paris par la porte de Pantin.

Il m'arrive souvent d'aller me promener l'après-midi avec M. D***, du côté de Montrouge, ou, avec M. Renaud, du côté des Tuileries et des Champs-Elysées. Je rends visite à M. Brunis et à M. Legrand, non plus au presbytère de Saint-Germain d'où il a été expulsé, mais dans la maison de M. C*** qui lui a offert asile.

6 Mai.

Saint-Eustache, (après Saint-Nicolas-des-Champs, Sainte-Elisabeth, Saint-

Martin) est transformé en club à partir de 8 heures du soir.

Je ne puis me résoudre à assister aux réunions.

7 Mai

Saint-Roch reste fermé jusqu'à 3 heures. M. Millault, après avoir passé la nuit au poste du Palais-Royal, est réintégré dans son presbytère et son église.

20 Mai.
Samedi.

Aujoud'hui nous avons célébré, en grande pompe, le mariage de M. Boivin, commandant des fédérés. Il était venu, hier, chez moi, accompagné de quatre camarades traînant de grands sabres et armés jusqu'aux dents. Ma pauvre Jeannette a éprouvé une belle peur en les voyant entrer, elle croyait qu'ils venaient m'arrêter. Après avoir réglé avec lui la célébration du mariage, j'ai fait observer au commandant que l'église catholique exigeait la confession.

Il s'est soumis de bonne grâce à remplir ce devoir.

22 Mai.
Saint-Emile. Lundi.

Mon bon frère Emile, pourquoi ne puis-je pas te souhaiter ta fête autrement que par un ardent souvenir de cœur?...

1 h 1/2, je trouve de nouveau, à ma grande surprise, monsieur l'abbé Simon prêt à partir. Il est sur le point de céder, encore une fois, aux instances qui lui ont été faites dans ce sens. Il croit nécessaire de se réfugier chez M. H*** qui lui offre un abri dans le quartier de la Madeleine. Je tâche de l'en dissuader. Je lui suggère cette réflexion d'abord que ce serait quitter son poste au moment où sa présence y est le plus utile, qu'il y aura, sans doute, du sang répandu et que si quelqu'un doit l'étancher, c'est lui... En second lieu, je le prie de remarquer qu'il sera peut-être encore

plus exposé du côté de la Madeleine où des combats vont certainement se livrer entre les fédérés et les Versaillais. J'ai le bonheur de voir que mon avis prévaut dans l'esprit de M. le Curé sur ceux qui lui ont été donnés précédemment. Le soir venu nous dînons chez lui, avec MM. Coullié et Bourbonne, et nous nous promettons bien de rester fidèlement à notre poste.

23 Mai.

A 9 h. 1/4, ce matin, je faisais mon action de grâce à la sacristie lorsqu'un homme se présente, et, s'adressant à M. Coullié et à M. Bourbonne leur expose qu'il a, vainement, demandé à Notre-Dame-des-Victoires et à Bonne-Nouvelle un prêtre pour administrer sa femme mourante, et qu'il vient à Saint-Eustache dans l'espérance d'être plus heureux. A ces mots, je me lève et je lui demande où il demeure et si sa femme est capable de recevoir la Sainte-Com-

munion. Il me répond affirmativement
et m'apprend qu'il habite, avec elle, rue
du 4 Septembre. Je me munis aussitôt
des Saintes Huiles et d'une Hostie, et
nous nous engageons dans la rue Montmartre où les fédérés étaient en train de
soulever les pavés pour dresser des barricades au coin de chaque rue. Arrivés à
la rue Joquelet, nous sommes accostés
par un garde national qui se trouvait
là, tout seul, et qui, voyant passer un
prêtre, se met à l'injurier. Mon compagnon voulait le faire taire en lui disant
que ce prêtre portait les derniers Sacrement à sa femme et qu'il ne fallait pas
l'outrager, puisque c'était lui qui venait
d'aller le chercher — Bah! Bah! répondait l'autre, ce qu'il faut à ta femme c'est
du bon bouillon; et quant à ce calotin,
ce qu'il lui faut c'est... et il faisait mine
de me fusiller.

Je m'efforçai de prouver à mon compagnon qu'il fallait le laisser dire et ne
rien lui répondre. Et nous continuâmes

notre chemin. La Place de la Bourse était déserte. Il ne s'y trouvait absolument que des communards montant la garde. Je m'approche d'un groupe d'officiers qui se promenaient devant la barricade placée à l'entrée de la rue du 4 Septembre, je découvre ma poitrine et leur montrant la sainte custode : « Vous voyez, leur dis-je, que je porte les Sacrements à une pauvre malade, rue du 4 Septembre, voulez-vous bien me laisser passer ? » Le chef inclina la tête en signe de consentement, et fit taire le garde national qui m'avait suivi et continuait à m'injurier.

Nous arrivons enfin chez la pauvre femme à laquelle j'ai le bonheur de donner la Sainte Communion et l'Extrême-Onction qu'elle reçoit pieusement, en pleine connaissance...

Cela fait, je me mets en route pour Saint-Eustache. Mais à la hauteur de la rue J.-J. Rousseau, je me vois arrêté un moment par les insurgés qui veulent que

je les aide à porter des pavés sur la barricade en construction. Je leur réponds que
je suis un peu pressé et que je n'ai pas le
temps, et je me sauve. De retour à la
sacristie, je trouve ces messieurs tout heureux de me revoir, et je bénis le bon Dieu
et la sainte Vierge qui n'ont pas permis
que cette pauvre femme fut privée, sur
son lit de mort, des secours de la religion.

A midi vingt minutes, on donne ordre
de sonner le tocsin. Mais les gens chargés de ce soin sont tellement troublés
qu'ils sonnent comme au jour de Pâques.
Immédiatement le peuple se rassemble.
Une multitude de curieux pénètrent dans
l'impasse tandis que les gardes nationaux
furieux s'engagent dans l'escalier qui
conduit au clocher; et que M. le Curé est
conduit au poste, pour y donner des ex-
plications. — Nicolas, son domestique,
monte chez moi et me reproche vivement
de m'être opposé à la fuite de M. le Curé:
« Si vous l'aviez laissé partir, me dit-il, il
ne serait pas arrêté de nouveau!... »

Je le calme de mon mieux en lui assurant que M. le Curé va revenir. Et, en effet, nous ne tardons pas à voir le bon M. Simon apparaître au milieu de plusieurs milliers de personnes qui l'acclament et crient : Vive M. le Curé!

J'emploie le restant de l'après-midi, chez moi, à préparer une instruction, ne me doutant point de ce qui se passait au presbytère. A l'heure du dîner, quelle n'est pas ma surprise lorsque me présentant chez M. le Curé qui m'avait invité, je reçois de son domestique la nouvelle qu'il n'y a plus personne!... M. le Curé et M. Coullié se sont réfugiés chez des amis. M. Bourbonne se dispose à les imiter et veut se retirer à la Glacière. Mais il se laisse persuader par moi qu'il n'y arriverait pas vivant et qu'il est beaucoup plus sage de rester où il est.

Sur ce, je l'engage à venir tout simplement dîner avec moi, et la brave Jeannette nous donne ce qu'elle peut. Mais pendant que nous étions à table, voici une nouvelle alerte, un officier se présente. N'ayant pu trouver M. le Curé, il monte et me demande de donner des ordres pour qu'on reçoive et enferme dans l'église le corps d'une jeune femme, morte depuis deux jours. J'exige une réquisition en bonne forme, puis nous descendons et faisons placer la pauvre défunte dans une chapelle.

Quelle soirée!... et quelle nuit se prépare!... à la sacristie où nous restons jnsqu'à 9 h.1/2, M. Bourbonne et moi, nous entendons tout à coup des sifflements étranges. Ce sont ceux des obus que les communards, placés sur les buttes Chaumont, envoient dans la direction de Saint-Eustache.

A 10 heures, nous prenons le parti de remonter chez nous. En passant, nous voyons, assises sur les marches de l'escalier qui monte à la tour, toutes les pauvres femmes logées au presbytère. MM. Gérost et Passot, pères des abbés du même nom, s'ingénient à les rassurer.

Mon Dieu sauvez-nous! ayez pitié de votre peuple! sainte Vierge Marie, priez pour nous!

24 Mai.

A mon lever, j'aperçois le drapeau tricolore qui flotte sur la barricade de la pointe, et je vois des militaires qui entrent dans la maison du pharmacien. Bientôt les soldats du 64me de ligne, (commandant Danfreville) pénètrent dans le presbytère et vont s'installer sur les toits d'où ils tirent du côté des barricades de la rue Turbigo. Il paraît que des Buttes Chaumont on s'aperçoit de la présence des Versaillais à Saint-Eustache, car c'est de là que nous pleuvent les obus. Je descends pour dire ma messe. Le sacristain me fait observer qu'il ne faut pas songer à rester dans l'église en ce moment; les balles y tombent comme la grêle. La façade du côté sud de Saint-Eustache en est criblée.

Pendant que je suis à la sacristie, un

officier versaillais vient demander qu'on lui ouvre les portes. Je lui réponds qu'il n'a qu'à pousser celle de l'impasse qui n'est pas fermée au dedans. Il s'y rend, aussitôt, suivi de ses soldats.

Les obus continuent à faire entendre leurs sinistres sifflements. Un sergent est tué sur le coup. Un pauvre garçon de Saint-Dié, nommé Auguste Bertrand (comme notre cher capitaine d'Etat-Major) a le corps traversé par une balle. M. Bourbonne l'administre. A 1 h. 1/2 il meurt entre mes bras. Les blessés, jusqu'à ce moment, sont au nombre de 6.

Nous avons aussi quatre insurgés blessés ; ils sont installés dans la salle à manger de M. le Curé. Les autres sont dans le grand salon avec un pauvre vieillard de la rue de la Jussienne, blessé à la tête par un éclat d'obus.

Le chef des versaillais qui occupent l'église, M. le commandant de Geslin, me demande de le conduire sur les galeries extérieures. Il se fait expliquer la situation des rues... Nous considérons un instant, avec une émotion facile à comprendre, le spectacle grandiose et terrible qui s'offre à nos yeux...

Il est 6 heures du soir et la fusillade continue. L'Hotel-de-Ville flambe toujours. Hier et aujourd'hui, les Tuileries, le Louvre, le Palais-Royal ont été inscendiés par les communards obligés de se replier...

Je viens de voir les soldats qui combattent à la barricade de la pointe, relevés par leurs camarades... Puis, de nouveaux militaires arrivent en longeant les maisons, se baissant tant qu'ils le peuvent et s'adossant aux sacs de terre d'où ils tirent sur les fédérés. Ces détonations incessantes, grossies par les échos des Halles et de l'Eglise, et mâlées au sifflement des obus, ont quelque chose d'horriblement agaçant...

Mon Dieu! comment peut-on aimer la guerre? c'est si triste!...

A 6 h. 1/2 nous dînons, M. Bourbonne

et moi, dans ma salle à manger.

Je passe la soirée à la sacristie occupée, ainsi que l'église, par les soldats et les officiers. Vers les 10 heures, un cri retentit : Voilà les insurgés !... Aussitôt le capitaine de garde se lève et se précipite vers la porte, en criant d'une voix de tonnerre : Fermez ! fermez !... Un brouhaha indescriptible en résulte. Mais ce n'était qu'une fausse alerte. Quand les esprits furent un peu calmés, je remonte chez moi où j'avais à loger un officier.

A minuit, nouvelle émotion: Le feu est à l'église et il n'y a point de pompier !...

25 Mai.
Jeudi.

A 4 heures du matin, Jeannette fait déjeuner le capitaine et ses adjudants. Puis ces braves gens partent, à la hâte, pour aller se battre plus loin. Enfin, à 6 heures les pompiers arrivent. Le service s'organise, la chaîne est faite avec ardeur. M. le curé est de retour, après avoir passé trois jours et trois nuits dans une cave de la rue Greneta.

Le feu est éteint à 4 heures du soir. Mais les batteries des buttes Chaumont ne cessent point de nous envoyer des obus. Cette nuit, avant le départ du capitaine, j'étais monté avec lui dans le clocher, spectacle horrible !... Du haut de la plate-forme nous voyions Paris qui flambait; et, au-dessous de nous, également en feu, s'offrait à nos regards terrifiés la chapelle de la sainte Vierge. Tout-à-coup, la cloche se détache des poutres consumées et tombe sur le trottoir où elle se brise avec un fracas épouvantable.

26 MAI.

Ce matin, un obus est venu éclater dans l'église, après avoir éraflé les maisons de l'impasse. La fenêtre de mon salon a été frappée par un éclat, les vitres sont brisées. Du haut du télégraphe, j'ai pu contempler l'immense panorama de Paris incendié et désolé... on ne voit plus partout que fumée et flammes.

Nous disons la sainte Messe dans la chapelle de la tribune. Le bruit des bombes qui éclatent sur les toits et dans l'église remplace le son de la clochette. Pendant que je faisais mon action de grâces et que M. le Curé se trouvait encore à l'autel, nous entendons une explosion formidable. C'est un obus qui tombe et éclate au beau milieu de l'église...

A midi, je vais avec M. Leclerc, aumônier de Louis-le-Grand, chercher des nouvelles de Monseigneur. Nous nous rendons à l'Archevêché, à Saint-Sulpice, chez Mgr Buquet. Chemin faisant, nous contemplons avec épouvante les ruines des monuments incendiées... A l'Archevêché, nous trouvons M. Jourdan heureusement échappé de la Conciergerie devenue la proie des flammes. A Saint-Sulpice, M. Rousselle nous raconte

comment il a pu sortir, avec M. Icard
et les autres captifs, de la prison de la
Santé. Mais, sur Mgr l'Archevêque, on
ne sait rien de positif, sinon qu'on l'a
transporté à la Roquette; et que Deles-
cluze a ordonné, en quittant, mardi, le
ministère de la guerre, d'arrêter et de
fusiller tous les prêtres sans exception.

27 Mai.
Samedi.

Un des gardiens de Mazas, Rostan,
concierge chez M. Magne, neveu du Curé
de Saint-Eustache, vient de nous affirmer
que la prison était minée, et devait
sauter avec le reste de ses habitants.
L'évènement a été conjuré, grâce à un
brigadier. Le Directeur, Garreaud, s'est
sauvé. L'abbé Croze a pu s'échapper
aussi; on l'avait conservé à Mazas
comme otage, en cas de surprise par
Versailles. De nouveaux obus nous ont
encore visités cette nuit et ce matin. Il y
a à l'ambulance un pauvre enfant de

17 ans blessé grièvement à la jambe. Les visiteurs affluent au presbytère pour féliciter M. le Curé de sa délivrance.

28 Mai.

Jour de la Pentecôte.

Saint-Eustache est fermé!... Je dis la messe à Saint-Germain-l'Auxerrois. A une heure, je vais chez Paul où je trouve le cercueil du général X*** qui a été blessé mortellement près de la barricade de la rue Saint-Sébastien. Jeannette vient m'apprendre que je suis chargé d'aller, avec M. Bouche, réclamer les corps des otages martyrs au Père-Lachaise. Mais on nous fait savoir que celui de Monseigneur a été porté à l'Archevêché vers six heures.

29 Mai.

Nous retournons rue de Grenelle. Le pauvre Archevêque assassiné par les fédérés est étendu dans le grand salon, sur un matelas, entouré de sœurs et de soldats du génie. Nous allons, ensuite, visiter M. Jourdan et M. Petit; M. Dedoue et M. Bayle sont absents.

Rentrés à Saint-Eustache au moment du départ du blessé pour le Val-de-Grâce, nous nous préparons à faire les exercices du mois de Marie.

JUIN.

Depuis le 18 Mars dernier jusqu'aux effroyables journées de Mai, le règne abominable de la Commune a montré au monde entier, plongé dans l'épouvante et la stupeur, ce que la société peut devenir entre les mains des scélérats qui se font gloire de ne plus croire en Dieu et de ne pas craindre les hommes...

22 AOUT

11 heures. Départ de Paris pour Dijon; Joseph et Paul m'accompagnent à la gare. Je voyage avec un italien qui ne cesse de me demander le nom des pays pour les inscrire sur son album. « *Venica*

*d'Inghilterra e se n'andava a Marsiglia ;
parlava poco francese ; sapeva niente
della lingua inglese. »*

A Dijon, nous trouvons à la gare M. et
Mme L.***, (amis de mon frère Emile)...
Puis toute la famille : Emile, Berthe,
Henri et ma petite nièce de 8 mois;
M. C***, Mlle F***...

Mon pauvre frère Emile ! Il a passé
aussi de cruels moments pendant la
guerre. Nommé ingénieur en chef de
Paris-Lyon-Méditerranée, chargé du service de la voie de Dijon à Pontarlier, il
fut obligé de faire refluer, sur cette dernière ville, tout le matériel de la Compagnie. Un jour, les soldats du génie
viennent lui intimer, à Mouchard, de
la part du général Rolland, l'ordre de
faire sauter tous les ponts et viaducs
du chemin de fer... Heureusement que le
général Chanzy à qui Emile s'empressa
de porter la nouvelle s'opposa à cette
destruction inutile, puisqu'elle n'aurait
point empêché les Prussiens d'avancer.

4 Septembre.

J'arrive au Puy, après avoir été retrouver ma mère à R*** chez ma sœur Marie. Je fais mon pèlerinage à Notre-Dame-du-Puy; et de là je reviens chercher ma mère et mes sœurs, Ernestine et Joséphine, pour nous en aller, tous ensemble, à S*** en nous arrêtant un moment à Voiron, à la grande Chartreuse et à S***.

Ier Décembre.

Nous avons fait nos exercices accoutumés pendant le mois de Novembre: La Toussaint, l'octave des morts, la fête de Monsieur Simon, le 6; puis la mienne le 7, l'adoration perpétuelle du Très-Saint Sacrement, les réunions de la Conférence. Tout cela m'a donné assez d'ouvrage pour que je trouve juste le temps nécessaire à la récitation de mes prières et à la visite des malades et des pauvres.

Je fais connaissance avec Monsieur R*** lieutenant dans la garde républicaine de

N..., qui vient me confier le vif désir
qu'il éprouve d'entrer dans notre famille
en épousant ma bonne sœur Joséphine.

1872.

Ier JANVIER.

Je lis pendant la messe de 9 heures le chapitre XVI de saint Mathieu. Je remarque les passages suivants :

1° V. V. II... *Cavete a doctrina Pharisæorum et Sadducæorum*, la doctrine des Pharisiens orgueilleux, des Sadducéens voluptueux... Orgueil et sensualité, double écueil dont le chrétien, le prêtre, surtout, ne saurait trop se préserver.

Discite à me quia mitis sum et humilis corde...

2° V. V. 15 et 16... *Dixit illis Jesus : Vos autem quem me esse dicitis ? Res-*

— 315 —

pondens Simon Petrus, dixit : tu es chris-
tus filius Dei vivi.

N'est-ce pas la confession que le Prêtre
doit s'efforcer de faire rendre à Jésus-
Christ par tous ceux au milieu desquels
il vit ? Que mes exemples de vertus
confirment donc mes paroles...

3° V. V. 21. *Exinde cœpit Jesus osten-*
dere discipulis suis quia oporteret eum
ire Jerosolymam, et multa pati à Senio-
ribus, et scribis et principibus Sacerdo-
tum et occidi et tertia die resurgere.

C'est surtout au commencement d'une
nouvelle année qu'il faut avoir devant
les yeux le programme de la vie de Jésus-
Christ... S'attendre à souffrir beaucoup
pour l'Evangile, s'y préparer en s'unissant au Sauveur crucifié, c'est un moyen
excellent et nécessaire pour n'être pas
pris au dépourvu...

Il est vrai que la nature répugne à la
contradiction et surtout à la souffrance.
Témoin saint Pierre que Jésus-Christ
dut reprendre si sévèrement. *Vade post*

me, Satana, scandalum es mihi, quia non sapis ea que Dei sunt, sed ea quœ hominum.

C'est pourquoi Jésus ajoute ces maximes que je me rappelle m'être souvent répétées à moi-même au Séminaire :

V. V. 24. *Si quis vult post me venire, abneget semetipsum et tollat crucem suam et sequatur me.*

V. V. 26. *Qui autem voluerit animam suam salvam facere, perdet eam : qui autem perdiderit eam propter me, inveniet eam...*

O Jésus, bénissez mes résolutions... ô Marie, priez pour moi... saint Joseph, assistez-moi...

Amen, Amen, Amen.

Les réflexions de M. Carné, au sujet de la Providence, (n° du 10 Déc. 1871. du Correspondant) me paraissent absolument justes. Comme lui, j'ai fait l'expérience de l'action de la Providence dans tous les événements de ma vie. Tel fait imprévu, mais certainement ordonné de

Dieu, à décidé de toute mon existence ;
tel autre à donné à ma vie une direction
particulière ; tous ont contribué à m'é-
clairer sur le néant des grandeurs humaines, et à me rattacher à l'unique principe de notre félicité en ce monde et en
l'autre...

25 Mars.
Lundi-Saint

2 heures. La neige tombe à gros
flocons comme au mois de décembre. Il
fait froid et nuit. Ce temps s'harmo-
nise bien avec les douloureux mystères
que nous célébrons. Il rappelle l'heure
et le pouvoir des ténèbres qui jouèrent
un si épouvantable rôle dans la Passion
du Sauveur. Il fait songer à ce froid glacial qui saisit l'âme plus encore que les
membres des Apôtres, et, surtout, à l'horrible nuit que les passions répandirent
sur l'esprit d'Anne, de Caïphe, et de
tant d'autres auteurs du drame sanglant
de la Passion...

1872

11 Avril.

Que vient de m'apprendre Joseph ? le
fils de notre frère Emile, le cher petit
Henri, atteint du croup, mais heureusement à cette heure hors de danger...
O mon Dieu !... conservez ce cher enfant
à sa famille, et à notre tendresse !...

20 Mai.

J'écris à notre bonne mère pour lui
donner des nouvelles de tous ses enfants habitant Paris. A commencer par
notre sœur Joséphine qui depuis son mariage semble se trouver très heureuse et
n'avoir d'autre peine que celle d'être
séparée de maman. Aux éloges que fait
de nous cette chère petite sœur pour la
manière cordiale dont nous l'avons re-
çue, je réponds à maman que nous ne
les méritons point, chacun de nous
n'ayant suivi que l'impulsion de son
cœur et les traditions de famille, que nos
parents nous ont transmises avec la vie.

M. le Curé a indiqué à ses vicaires
l'époque de leurs vacances. Les miennes
seront en septembre. J'espère que j'en
profiterai pour faire quelques voyages
avec ma bonne mère au C... ou à B...
Il me sera si doux de visiter avec elle
mes chères sœurs de la Loire !

23 Mai.

Que faisions-nous l'année dernière à
pareille époque? La bataille occupait les
communards, autour de Paris, les séques-
trations et les emprisonnements les occu-
paient au dedans. Chaque jour, on nous
annonçait la fermeture de quelque église
et sa transformation en club. C'est vers
ce temps que saint Eustache devint le
soir, à partir de 8 heures, le théâtre de
réunions désolantes pour la religion et le
bon sens. A 4 heures, nous allions nous
jeter au pied de l'autel de la sainte Vierge.
Et, à tour de rôle, M. le Curé, M. Coullié,
M. Bourbonne et moi, nous lisions et
commentions à nos fidèles, un chapitre

du mois de Marie du P. Lalomia. Les journées que nous passions à l'église, à la sacristie, et chez nous, s'écoulaient fort tristement... Je sortais tous les soirs vers 6 heures, pour aller dîner chez M. B*** rue des Halles... A 10 heures, je me retirais dans ma chambre pour achever mes prières et me préparer aux éventualités du lendemain. Est-ce la pensée de l'Archevêque et de mes chers confrères en prison, qui me fit choisir, pour lecture du soir, Silvio Pellico ? je le crois volontiers... J'avais laissé pousser ma barbe et endossé l'habit laïque. Au commencement j'étais assez gauche; mais je ne tardai pas à m'accoutumer à mon nouveau costume et à passer inaperçu dans la foule. Il paraît que je ressemblais beaucoup, ainsi travesti, à mon frère Paul, à tel point que Mme Saintives, que je saluai dans la rue J. J. Rousseau, me demanda très sérieusement, croyant parler à M. Paul, des nouvelles de Mme S*** et des enfants.

Quand je disais la Messe et que je prêchais, j'avais l'air d'un missionnaire revenu de Chine; mais personne n'avait envie de rire: on se sentait trop malheureux pour cela.

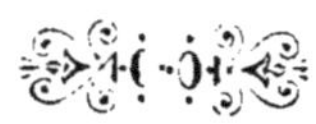

1873

Je viens de lire le panégyrique de
saint François de Sales par Bossuet.
J'aime beaucoup saint François de
Sales dont les ouvrages de piété ont
fait les délices de ma jeunesse sacerdotale et que je veux relire et recommander plus que jamais. La science
du pieux Évêque de Genève ne se
perd point dans des spéculations

théologiques ou philosophiques; elle a toujours en vue le bien des âmes, et le changement des cœurs. Son autorité épiscopale ne se déploie que pour la conversion des pécheurs et l'affermissement des bons dans la vertu. Enfin sa douceur est si grande, quand il traite avec les particuliers, qu'on peut dire de lui comme de saint Vincent de Paul: *Tamquam si nutrix foveat parvulos suos.* C'est qu'en effet la charité chrétienne dont sa douceur émane est vraiment une mère et une nourrice; *Charitas nutrix, materna.* Aussi quelle patience dans ses rapports avec ses enfants spirituels! Quelle tendre compassion pour toutes leurs nécessités! Quelle aimable condescendance pour se prêter à toutes leurs exigences, hormis les mauvaises!... Et comme Bossuet a su admirablement et simplement traduire tout cela dans son éloge! Saint François de Sales n'était pas encore canonisé quand Bossuet prononça son panégyrique devant les religieuses de la Visitation. Mais il était sur le point de l'être; et son âme, environnée dans le ciel de l'auréole des Saints, a dû éprouver un tressaillement de joie en entendant ses vertus, ouvrage de la grâce, si bien définies et si éloquemment proposées à l'imitation des chrétiens. Pour moi, ô Saint bien-aimé ! je veux marcher sur vos traces. Et puisqu'il a plu à Dieu de m'appeler, malgré mon indignité, à la direction des âmes, obtenez-moi d'être, comme vous, dans mes rapports avec les fidèles, d'une douceur et d'une patience à toute épreuve, d'une miséricorde et d'une condescendance qui ne connaissent de bornes que le péché... *Sancte Francisce, ora pro nobis...*

25 Février.

C'est demain le mercredi des cendres, c'est demain que commence le Carême. Je viens de réciter le premier office de ce saint temps ; et je sens mon âme tout attendrie au souvenir de la pénitence, de la passion et de la mort de Jésus-Christ. L'Eglise, dans les leçons tirées de l'Ecriture Sainte, a mis sous nos yeux la touchante histoire de Joseph vendu par ses frères. Quelle vive figure de Notre Seigneur trahi et livré, par Judas, aux Juifs perfides et haineux!...

O Dieu, faites qu'il n'y ait plus de Judas ni de Juifs parmi nous... emmenez-nous à votre suite dans le désert sacré où votre amour pour les hommes conduisit vos pas, après votre baptême. Là nous apprendrons à prier, à vaincre nos passions, à nous immoler comme des victimes d'agréable odeur à la gloire de votre Père. Là nous verrons comment on peut triompher du démon et de ses artifices...

Là nous serons servis par les Anges qui aiment les âmes pures et mortifiées et leur préparent une place au délicieux banquet de l'Eternité. *Cosi sia.*

26 Février
Mercredi des Cendres.

Memento, homo, quia pulvis es et in pulverem reverteris.

Graves paroles que j'ai prononcées bien souvent, ce matin, en imposant les cendres sur le front des fidèles, avant la Sainte Messe ; paroles qui doivent me rappeler mon *origine* et mes *fins dernières*. Mon *origine* pour m'humilier devant Dieu, mon créateur, mon sauveur et mon juge ; mes *fins dernières* pour les rendre heureuses en vivant dans une plus complète mortification des sens, un plus grand détachement des biens d'ici-bas, une application plus ardente à Dieu par la prière...

12 Juin.

M. Langénieux, vicaire général, m'écrit que nous allons avoir M. l'abbé Scheltien pour curé, en remplacement du regretté

M. Simon. Sa nomination est officielle et
il me prie d'en faire part à la fabrique.
Puis de lui envoyer quelques notes sur
la vie du vénérable défunt dont il puisse
se servir pour l'édification et la consolation de tous ceux qui l'ont connu.

17 Juin.

Me voilà donc relevé des fonctions de
curé intérimaire. M. Sheltien va se mettre
à l'œuvre : il paraît très heureux d'être
au milieu de nous. Puissions-nous réaliser, aussi bien que possible, les desseins
de la Providence sur le peuple qui nous
est confié ! Ah ! Si nous pouvions sauver
beaucoup d'âmes !... Il y en a tant qui
se perdent autour de nous ! Au moins
qu'il ne s'en perde point par notre faute ;
et qu'un jour nous puissions dire à notre
Père Céleste, comme Notre-Seigneur :
« *Quos dedisti mihi, custodivi et nemo ex
eis periit.* » (Jean XVII. 12) Amen...
Amen... Amen...

20 Juin.

Fête du Sacré-Cœur à Paray-le-Monial.

Jour mémorable ! O cœur adorable de mon Sauveur Jésus, pourquoi faut-il que je vous aie si souvent offensé !...
« *Sero te cognovi, sero te amavi ...*
« *Verte mihi omnia in amaritudinem...*
Absconde me intra vulnera tua... Propi-
« *tius esto mihi peccatori... Dic animæ*
mæ: salus tua ego sum... o bone et dulcis-
« *sime Jesu, miserere mei... »*

M. l'abbé Passot vient d'être nommé second vicaire à Saint-Denis.

C'est un beau poste pour un prêtre de talent et dévoué au bien des âmes. Saint-Denis compte une nombreuse population d'ouvriers, la plupart, hélas ! sans instruction religieuse, affiliés à l'Internationale, remplis de préjugés contre l'Eglise et la société. M. Passot aura donc là une abondante mission à recueillir, ou, du moins, un vaste champ à ensemencer. Je lui souhaite avec ardeur de se mettre généreusement à l'œuvre et de persuader à tous ces pauvres égarés qu'ils doivent revenir à Dieu, à Jésus-Christ, à l'Eglise, à la vertu, au bonheur...

30 Juin.

J'ai reçu plusieurs lettres de notre nouveau curé en lesquelles il m'affirme qu'il compte bien sur mon concours, qu'il y compte comme sur celui du meilleur des amis, et qu'il me remercie de la lettre si affectueuse que je lui ai écrite. Il est certain que je ferai tous mes efforts pour aider ce bon prêtre dans l'accomplissement d'une tâche que les circonstances de diverses natures rendent si difficile à Saint-Eustache. M. l'abbé Scheltien est pieux et dévoué et Dieu lui accordera, je l'espère, le bonheur de réussir à procurer le plus grand bien des âmes.

1873

13 Septembre.

Depuis huit jours, j'ai reçu trois lettres de notre nouveau curé qui prend, en ce mois, ses vacances à Saint-Servan. Je pense, m'écrit-il, à notre chère paroisse, au bien que nous pouvons y faire, à votre belle confrérie, si édifiante toujours, qui a donné preuve de sa piété pendant l'octave de l'Assomption; et qui, j'en suis sûr, ce matin, a encore exhalé son parfum de piété pour la belle fête de la Nativité. Pour m'unir à vous, j'ai dit exprès ma messe à 8 heures... Sanctifiez-vous, heureux prédestiné, savourez les charmes de la Retraite que vous allez faire, saturez-vous des onctueuses paroles du R. P. Matignon, et rapportez à la paroisse les grâces précieuses que Dieu n'accorde à ses prêtres que pour les répandre avec plus d'abondance sur les peuples qu'il leur confie. Vous savez combien grande est notre part. Donc, faites d'abondantes provisions...

1873

14 Septembre.

Retraite ecclésiastique à Saint-Sulpice.

(prêchée par le P. Matignon.)

9 heures du soir.

Me voici en retraite, ô mon Dieu, faites que j'observe ce que je prêche aux autres : que j'entre tout entier et que je demeure tout entier dans cette heureuse solitude, afin que j'en sorte changé en mieux.

« *Notum fac finem meum, Domine!* »

Ma fin, c'est de connaître, d'aimer, de servir Dieu, mon Créateur, mon Rédempteur, mon principe et ma fin dernière, mon tout en un mot :« *Deus meus et omnia* »

Comment puis-je vivre autrement qu'en aimant Dieu qui a fait mon cœur pour l'aimer? A mesure que j'avance dans la vie, que mes années se multiplient, j'en fais de plus en plus l'expérience : tout est vanité sur la terre, excepté l'amour de Dieu et la pratique de la vertu. Je le comprends, je le vois, je le sens. Et pourtant les batagelles de ce monde suffisent pour me détourner de la vérité et faire pencher mon cœur vers les créatures: O misère humaine! « *Video meliora proboque, deteriora sequor.* » Oh! funeste loi des membres qui captive mon âme sous le joug du péché! qu'il n'en soit plus ainsi, à l'avenir, ô mon Dieu! que j'écoute plus fidèlement votre voix qui résonne si doucement dans ma conscience et dans mon cœur; que je marche constamment en votre sainte présence et que mon unique préoccupation soit de vous plaire... « *quæ placita sunt ei facio semper.* »

3me Jour. *Mercredi.*

Je viens de relire le discours que nous adressait Mgr Maret pendant la retraite pastorale de 1868, sur le prêtre considéré dans ses rapports avec la Sainte Trinité. Cette lecture d'un beau discours, résumé trop faiblement, ne laisse pas que de remuer mon âme. C'est que la Sainte Trinité est le premier, le plus grand, le plus divin, si j'ose le dire, de tous les mystères de notre sainte religion. C'est que je me sens fait à l'image et à la ressemblance des trois personnes dont je crois et adore avec crainte, mais aussi avec amour, l'indissoluble et toujours heureuse unité. C'est que je comprends de plus en plus, à l'école des vanités humaines, qu'en Dieu seul, Père, Fils et Saint-Esprit, se trouve pour toute âme raisonnable et chrétienne, la lumière le repos, le bonheur...

Mais, ô douleur! pourquoi faut-il que moi, homme, créé par la toute puissance du Père, racheté par l'amour infini du Fils, sacré roi et prêtre par le baptême et l'ordination du Saint-Esprit, j'aie méconnu et profané si souvent ma dignité!... Ah! du moins, revenons aujourd'hui au Dieu qui m'a comblé de biens, et qui pardonne toujours à l'enfant prodigue repentant... « *Pater, peccavi coram te et contra cœlum...* O Père pardonnez-moi à cause de votre Fils... « *Respice in faciem Christi tui...* » Esprit-Saint, ressuscitez en moi la ferveur de mes jeunes années... «*Cor mudum crea in me, Deus, et spiritum rectum innova in visceribus meis.* » Amen... Amen...

4me JOUR. *Jeudi.*

Que de fois n'ai-je pas conclu avec les Saints : « *Ergo, dum tempus habemus, operemur bonum!* » Je me la dis encore ce soir, cette bonne parole, et je me la redirai, j'espère, avec fruit, tous les jours de ma vie. Aussi bien : « *hora est jam nos de somno surgere...* » Je commence à vieillir et loin de faire mieux, je fais quelquefois plus mal. Pardon, mon Dieu, pour mes péchés, mes langueurs, mes attachements à la terre. Ah! donnez-moi des ailes comme à la colombe, et baigné dans votre sang, réparé par la pénitence, aidé de votre grâce, soutenu par la prière de Marie et des Saints, je me relèverai, et je volerai avec courage dans le chemin de la vertu.

Amen ...

Pour cela, ô mon âme, n'oublie jamais la résolution de mercredi matin, 17 Septembre. « *ab omni specie malâ abstinete vos, tamquam a facie colubri, fuge peccatum. Peccatum præterit, pœna peccati manet... »*

5me Jour. 5 h. 1/4.

Je viens de me jeter aux pieds de la Vierge fidèle pour lui renouveler l'offrande bien misérable, mais bien sincère de mon pauvre cœur.

« *Monstra te esse matrem.* » lui ai-je dit. « *Pater meus et mater mea dereliquerunt me, ô Maria, ô mater mea, ora pro me et pro fratribus meis in sacerdotio ut simus omnes servi fideles et prudentes Filii tui Domini Nostri Jesu Christi.*

Après cette démarche auprès de la Mère, je suis allé auprès du Fils, auprès

de Notre-Seigneur, l'ami et le père de mon
âme. Je l'ai prié de tout mon cœur et je
lui ai promis d'être à lui pour toujours...

Notre bon prédicateur a, du reste, admirablement répondu aux pensées et aux
sentiments de mon âme, en nous parlant
de l'amour de Notre-Seigneur. Cet amour,
a-t-il dit, est nécessaire au prêtre, puisque sans cet amour, il ne saurait vivre
que dans une effrayante solitude de
cœur, *absque affectione*, et qu'il serait
condamné, malgré tous ses talents, à
une stérilité désolante. Du reste, cet
amour est bien facile, car Jésus-Christ
nous a aimé le premier; et, par la sainte
Eucharistie, il continue à nous donner
les preuves les plus sensibles de son amitié. Le tableau qu'il a tracé de l'amour
de Jésus-Christ tel qu'il apparaît dans
l'Évangile, m'a beaucoup ému. Ah !
comment n'aimerais-je pas un Dieu si
bon, si aimable et si aimant !...

Quel bonheur, après cette instruction,
de chanter, avec mes frères dans le

sacerdoce, en présence du Très Saint Sacrement, les prières du Salut. Cet *Ave verum*, si pathétique et si tendre! Ce *Miserere* où le cœur épanche si bien son repentir devant Dieu. L'*Inviolata*, qui console et raffermit l'âme, désolée de ses fautes, en lui montrant une Mère toute puissante et toute bonne qui prie pour nous. Le *Tantum ergo* qui nous prosterne amoureusement devant notre Bien-Aimé. Enfin le *Parce* solennel qui attendrit le cœur de Dieu sur tous ses enfants ! Tout cet ensemble de prières couronnées par la bénédiction de l'Homme-Dieu porté entre les mains du Pontife, m'a ravi de tendresse, de componction et de bons désirs. Oh! si je devenais meilleur, et si, comme on vient de me le proposer pour mon oraison de demain, je ne cessais de chérir la sainte Eucharistie où je trouve mon Sauveur Jésus-Christ, et comme mon modèle et comme ma force ! Mon *modèle* par la patience avec laquelle il attend les pécheurs, par la bonté, avec laquelle il accueille tous ses enfants, par les bienfaits, dont-il les comble. Ma *force,* par les vertus et les consolations, qu'il verse sur mon âme...

20 Septembre.
Samedi.

Clôture de cette sainte retraite. Beaux jours trop tôt écoulés ! mon âme était bien heureuse dans la solitude ; tout parlait de Dieu à mon esprit et à mon cœur. Tout me redisait sa bonté. Tout me rappelait sa tendresse. Oh ! si les ennemis de l'Église pouvaient lire dans le cœur d'un prêtre, ils verraient que ce n'est aucun motif humain qui le détermine à exercer, auprès de ses frères, les divines fonctions du ministère sacré. Non, ce n'est pas l'amour du gain ou l'ambition, comme le prétendent nos publicains et nos pharisiens modernes, qui l'engagent et le retiennent dans cette voie...

1874

Iᵉʳ Janvier.

Aujourd'hui, premier jour de l'année, m'arrive, entre autres bons vœux, ceux de mon cher petit neveu et filleul, Gustave P*** qui me les offre en ces tendres termes : « Cher parrain, à l'arrivée de « ce beau jour de l'an, mon cœur tres- « saille de joie et de bonheur, en pensant « au plaisir que vous allez éprouver vous- « même à la réception de la petite lettre « que j'ai l'honneur de vous écrire au- « jourd'hui, pour vous montrer ma petite « science et vous dire combien je vous

« aime... En vous priant d'agréer les
« vœux et les souhaits de bonne année
« que j'adresse au Seigneur pour vous,
« recevez aussi, bien-aimé parrain, les
« tendres embrassements de celui qui se
« dit pour la vie, votre très respectueux
« et affectionné filleul. »

Cher petit Gustave!... Ton pauvre parrain est bien sensible à tes vœux et il te les rend en priant ardemment notre Seigneur de te faire croître, chaque jour, en science et en sagesse.

19 Octobre.

Retraite à la Mission, rue de Sèvres 95.

20 Octobre.

5 1/2 — Méditation.

« *Notum fac, Domine, finem meum* »
Homme, chrétien, prêtre, j'ai pour fin de procurer la gloire de Dieu, en le connaissant, en l'aimant, en le servant, en le faisant connaître, aimer et servir par

mes frères... Vocation nécessaire et sublime... fin glorieuse et qui doit me conduire au ciel...

O mon Dieu, je vous remercie de m'avoir créé et de m'avoir fait chrétien et prêtre... Je vous demande bien pardon d'avoir si mal correspondu à vos grâces. Du moins, à l'avenir, je veux être meilleur, et lutter plus généreusement contre la légéreté de mon esprit et l'entraînement de mes passions.

Pour cela, ô mon âme, rappelle-toi souvent pourquoi tu as été créée et rachetée... Pense à la vanité des biens terrestres... Regarde le ciel où règne Jésus-Christ et où il t'attend pour te récompenser.

— « *Justus ex fide vivit* » — Ces paroles seront désormais ma devise, parce qu'elles me paraissent résumer parfaitement, la nature, le principe et les conditions de la sainteté chrétienne et sacerdotale.

Justus... Quel est le Juste par excellence ? c'est Notre-Seigneur Jésus-Christ. « *Vos autem Sanctum et Justum negastis* » disait saint Pierre aux Juifs... Être juste, c'est donc ressembler à Notre-Seigneur Jésus-Christ « *Christianus alter Christus* » — « *quis ex vobis arguet me de peccato ?* » — C'est être comme lui « *Pontifex sanctus, innocens,* « *impollutus...* etc. »

Mais pour réaliser ce type parfait, pour vivre au milieu des pécheurs sans se souiller, que faut-il faire ? : *Vivre de la foi :* — NOSTRA CONVERSATIO IN CŒLIS « EST. *Mihi vivere Christus...* « *Christo* « *comfixus sum cruci...* « *Omnia (terrena)* « *arbitror ut stercora.* — « *Momenta-* « *neum et leve tribulationis nostræ im-* « *mensum gloriæ pondus operatur in* « *nobis...* » Or, pour vivre de ces pensées et de ces sentiments, il faut que l'esprit et le cœur du prêtre soient en communication continuelle avec le Ciel. De là, nécessité de l'oraison... de la lecture spirituelle... de la communion fervente... de la confession fréquente... O mon Dieu ! transformez ma pauvre nature, changez-moi en l'homme que vous désirez, et soutenez-moi, par la force de votre esprit, au-dessus de la mobilité de ma volonté capricieuse...

D'où viennent mes fautes ? Je sors de méditer sur *la gravité des péchés des prêtres*. Mon âme est tout émue des considérations que j'ai faites. Je me suis souvenu des grâces dont Dieu m'a comblé comme saint Pierre, et de l'affreuse ingratitude par laquelle j'ai si souvent répondu à la bonté de Dieu. Je devais tout à Dieu et je l'ai offensé des millions de fois... « *Amplius lava me ab iniquitate mea...* » Désormais je ne commetterai plus de péchés ; et je conbattrai les causes funestes de mes iniquités, *l'orgueil, la présomption, la recherche de moi-même, le désir de plaire, d'être estimé, d'être aimé...* Mais pour cela, il faut en revenir à la pratique de la réso-

lution précédente : *Vivre de la foi,* c'est-
à-dire faire abnégation de soi-même pour
ne plus agir que d'après l'impression
de la grâce... O mon Dieu... « *Con-*
verte me, et convertar. »

2me JOUR DE LA RETRAITE.

5 heures 1/2. — Je fais ma confession
générale. « *Gratia Deo super inenar-*
« *rabili dono ejus* » — « *Misericordias*
« *Domini in æternum cantabo*». — Mais
il faut persévérer dans mes bonnes résolutions... « *Domine, adauge mihi fidem.*
« *Omnia possibilia sunt credenti...* »

Jeudi. — 3me JOUR DE LA RETRAITE.

J'ai eu le bonheur de célébrer, à
7 heures 1/2, la sainte Messe en présence
des reliques de saint Vincent de Paul :
J'étais très ému. J'espère que le bon Dieu
m'accordera la grâce que je lui demande
bien humblement d'être un saint prêtre
comme Vincent de Paul, d'aimer ardem-
dement Notre-Seigneur Jésus-Christ dans

sa personne adorable et dans la personne de mes supérieurs, de mes égaux,
de mes inférieurs, des pauvres surtout...
Mais il ne suffit pas de demander à Dieu
des faveurs, il faut les mériter par des
efforts personnels, c'est pour cela que
je veux m'appliquer désormais, sérieusement, à me sanctifier par la pratique de
l'oraison... de la sainte administration
de la parole de Dieu et des Sacrements ;
par une vie conforme à celle du Verbe
Incarné, mon Sauveur et mon modèle,
c'est-à-dire : *une vie cachée, pauvre, laborieuse.*

1876

25 Mai.
Jour de l'Ascension.

Mon pauvre journal! mon pauvre cahier! depuis combien de jours, de mois, d'années, même, ai-je cessé de te parler? Absorbé par les travaux du saint ministère, dominé par des préoccupations de plusieurs natures, je n'ai pas trouvé le temps de te confier mes pensées intimes, mes réflexions, mes résolutions. Ce soir, je t'ai ouvert un peu machinalement; j'ai relu quelques-unes de tes pages: j'ai éprouvé un certain remords de ma

paresse. Allons ! je veux converser,
comme par le passé, avec ce vieil ami qui
m'a toujours été fidèle et qui me rend au
centuple le peu que je fais pour lui...

C'est aujourd'hui la fête de l'Ascension.
M. le Curé est encore tout bouleversé
par la mort inattendue et si prompte de
son père, que nous avons enterré, hier
mardi, à Fontenay-sous-Bois...

O Jésus, je veux vous suivre plus
assidûment dans le mystère de votre
Ascension, que l'Eglise appelle si bien
admirable. Je veux faire ce que je prêche
aux autres et vivre plus au ciel que sur
la terre. Mais pour atteindre ce but, j'ai
besoin, Seigneur, que vous m'attiriez à
vous : « *O Jesu, trahe me, post te cur-
remus in odorem unguentorum tuorum.* »

OCTOBRE.

Retraite chez les Jésuites.

L'enfer est bon à méditer aux pieds
du crucifix ; mais, seulement, aux pieds

du crucifix et de la sainte Vierge... Sans cela, l'âme succomberait, je crois, à son épouvantable vision...

Et la mort !... et ma mort peut-être prochaine, certaine assurément... quel autre sujet d'importantes réflexions et de bonnes résolutions. C'est la mort qui décidera de mon Eternité heureuse ou malheureuse... Je veux mourir en saint pour être éternellement avec Dieu ; donc il me faut vivre en saint, vivre toujours en état de grâce, faisant simplement la volonté de Dieu, telle que je la connais. Je vais donc, ô mon Dieu me réformer avec le secours de votre grâce. J'ai d'abord à réparer le passé ; puis à consolider l'avenir... Fortifiez, Seigneur, mes bonnes résolutions. Hélas ! j'en prends toujours, et depuis longtemps ; et quand vient l'heure de les exécuter, je les oublie. Aidez-moi, Seigneur, aidez-moi ! je suis pauvre, nu, misérable... Sainte Vierge Marie, prenez-moi sous votre maternelle protection... Priez pour un pauvre pécheur qui n'a d'espérance de salut que dans la bonté de Dieu, et votre toute puissance suppliante... Mon bon ange gardien, mes saints patrons, tous les Saints et Saintes du ciel, priez, oh! priez pour moi.

Après la mort, le jugement... Ah! Seigneur, ah! mon juge suprême! mais qui êtes aussi et serez toujours mon père, ayez pitié de moi, l'ouvrage de vos mains... Voyez mon humble aveu du mal que j'ai fait, du bien que j'ai omis, de tous les scandales que j'ai donnés, de toutes mes négligences, de tout mon orgueil, de toute ma vanité... Ah! mon Dieu, je vous en conjure, par les mérites de mon Sauveur Jésus-Christ, votre cher Fils, par ceux de la très sainte Vierge et des Saints, pardonnez-moi tant d'horribles fautes... Baignez-moi, ô Père Céleste, dans le sang de Jésus-Christ, votre cher Fils, et revêtez-moi pour toujours de la robe nuptiale promise au repentir.

3me Jour.

Le Prédicateur vient de nous expliquer la parabole de l'Enfant Prodigue... Cet enfant, c'est moi qui me suis, hélas ! si souvent éloigné de Dieu, en revendiquant la part de mon héritage, c'est-à-dire l'indépendance et la liberté. Comme l'enfant prodigue, j'ai dissipé en vivant avec un monde profane, les trésors les plus précieux : la grâce de Dieu, la simplicité d'un esprit et d'un cœur pur, le charme et la douceur d'une sainte vie. Comme l'enfant prodigue, j'ai mis mon être tout entier sous la dépendance d'un maître sans entrailles qui m'a fait nourrir ses animaux les plus vils, et m'a contraint à envier leurs grossiers aliments...

C'est ici que commence à éclater envers moi, comme à l'égard du prodigue l'infinie bonté de Dieu. Dieu a permis cette insuffisance de joie, cette tristesse de cœur, demandant en vain aux créatures un bonheur qu'elles ne possédaient pas ; il les a permises pour me faire souvenir des vrais biens de la maison paternelle, des charmes de la vertu, de la félicité du dévouement sacerdotal dans le sein de l'Eglise... Séminaire de Saint-Sulpice, vous vous présentiez à moi pendant mes égarements, comme l'asile de mon salut... Vous êtes encore aujourd'hui présent à ma pensée avec le souvenir des hommes vertueux qui dirigèrent mes premiers pas dans la voie de la cléricature et du sacerdoce, avec le doux et cher souvenir de Notre-Dame-de-Lorette, et les bons amis que j'y rencontrai... Après tant d'années écoulées et marquées pour moi par tant de grâces reçues, tant de dignités exercées, et, malheureusement, tant de péchés commis... Eh ! bien, comme l'enfant prodigue, j'ai senti, de plus en plus, le vide de tout ce qui n'est pas Dieu, la vanité des honneurs, la honte de certains plaisirs, la fausseté de certaines amitiés, le néant, en un mot, des créatures… Oh ! béni soit le Père éternel qui m'a pardonné mes fautes, qui a étouffé entre ses bras mes larmes et mes sanglots, qui m'a rendu l'amour de son cœur, l'innocence du repentir, les délices de sa table. Il a mis à mon doigt l'anneau sacré, symbole de mon union avec son Eglise et gage des faveurs que j'ai le droit de demander à l'Esprit-Saint pour m'éclairer et me soutenir. Il a versé dans le sillon, dans le profond sillon que les larmes ont creusé dans mon âme, la liqueur divine de sa grâce qui m'a régénéré, rétabli dans une union plus étroite avec Jésus-Christ… O bonté de Dieu ! Miséricordieuse bonté !… C'est sur le néant qu'il vous a plus de rétablir l'édifice de mon salut… O mon Dieu, j'adore tous les desseins de votre tendresse, mon Dieu je vous aime ; oh ! oui je vous aime de toute l'étendue de mon cœur qui veut battre, désormais, à l'unisson du Cœur de Jésus et du Cœur de Marie.

3ᵐᵉ Jour. (Suite.)

Jésus-Christ nourriture des âmes par la Communion.

Cette méditation du Père m'a fort touché : ainsi moi chétif, moi pécheur, moi lavé et purifié de mes péchés par Jésus-Christ, j'ai le bonheur de m'asseoir à la table de Dieu, à cette table eucharistique où l'aliment éternel de Dieu, son Verbe, sa sagesse infinie, sa lumière et sa vie, cet aliment devenu *chair, « Verbum caro factum est »*, chair préparée et broyée par le travail de la souffrance, où Jésus-Christ, en un mot, ma victime est offert à ma faim, m'est donné pour me faire vivre de lui... O Dieu, quel amour !... Jésus-Christ en moi par la sainte Communion, me change en lui, *« manet in me, et ego in eo »*. Il est en moi, même quand les accidents ont péri, pour penser en moi, aimer en moi, agir en moi, souffrir et mourir en moi... O belle doctrine !... O Communion que tu m'es chère !... O Jésus-Christ ! que je vous aime !... O sainte Vierge Marie qui avez fourni la matière de l'aliment eucharistique, qui avez prononcé le « *fiat* » qui m'a donné Jésus-Christ pour compagnon à la Crèche, pour victime à la Croix, et qui me le donne pour nourriture à l'Autel, et qui me le donnera pour récompense pendant toute l'éternité, soyez bénie, soyez louée, soyez aimée!...

Amen, amen, amen.

12 Octobre.

A 6 h. 1/2, je célèbre la sainte Messe à l'autel de l'Ecce Homo... Avec quelle douce émotion, vous le savez, ô mon Dieu! avec quelles larmes dans les yeux, avec quel désir dans le cœur de vous aimer, et de vous faire aimer !

.... O Jésus, ne permettez pas que je me sépare jamais de vous... Oh! vivez et régnez éternellement en moi !... Amen.

Cette retraite laisse mon âme dans un véritable transport d'amour pour Jésus-Christ. Jamais peut-être, je n'avais vu si clairement que Jésus-Christ est tout. Comme Dieu, il est éternel et ne fait *qu'un* avec son Père qui l'engendre de toute éternité, et avec le Saint-Esprit qui est le nœud de l'amour de son Père pour lui, et de son amour pour son Père. Comme homme, il est le fils de la Bienheureuse Vierge Marie, et résume, en lui, par son âme et par son corps, toutes les autres créatures, angéliques, humaines, terrestres. Dieu fait homme, il est donc le principe et le centre de tout; il anime tout de son Esprit, il prête à tout le mouvement et la vie ; il relie, en vérité la terre avec le ciel, Dieu, son Père, avec ses œuvres... Il est donc bien, comme le dit saint Paul, le prêtre éternel qui offre à Dieu le sacrifice d'une louange et d'un amour qui ravissent les fidèles... Heureux les hommes qui se laissent saisir par lui ; ils vivront éternellement dans sa grâce, associés à la vie divine, assis au festin des noces de l'Agneau... Malheureux, au-delà de toute expression, les Anges et les hommes qui ne veulent ni l'adorer, ni l'aimer, ni obéir à sa douce loi. Ils se condamneront, eux-mêmes au jour du Jugement. Car ils le verront alors tel qu'il est, tel qu'ils s'obstinent à ne pas le reconnaître. Le « *Ergo erravimus* » sera le mot de leur réprobation, prononcée par eux-mêmes. Ah ! Verbe éternel incarné, Jésus-Christ, fils de la Vierge Marie, notre frère, notre modèle, notre victime, notre nourriture, ah ! de grâce, sauvez-nous, attirez-nous à Vous et recevez-nous dans votre gloire éternelle.

Amen.

1876

Résolutions de cette retraite.

1° Observer plus fidèlement mon règlement particulier.

2° Faire exactement la retraite du mois.

Si je suis fidèle à ces deux points, ce sera assez pour ma sanctification, et le succès de mon ministère. Je place bien humblement ces résolutions entre les mains de la sainte Vierge et de saint Joseph. J'espère que je les accomplirai, non par ma force, mais uniquement par la grâce de Dieu.

« *Gratia Dei mecum... Amen.* »

1er NOVEMBRE.

« *Beati pauperes... etc... quoniam ipsorum est regnum cœlorum.* »

Qui refuserait de croire au bonheur de la pauvreté volontaire, de la souffrance chrétiennement supportée, des larmes

— 358 —

versées aux pieds du Crucifix ou dans le sein du malheur, de croire, en un mot, au bonheur d'une vie passée sur la terre à l'exemple du Fils de Dieu fait pauvre, humilié, souffrant pour l'amour de nous, en voyant aujourd'hui le triomphe des Saints, c'est-à-dire, des amis de Dieu et des fidèles disciples de Jésus-Christ?

Courage donc, ô mon âme, lève les yeux vers le ciel que la foi te découvre; et contemple avec admiration, cette nuée de témoins, cette multitude d'élus rangés autour du trône de Dieu et de l'Agneau, ayant à leur tête la très sainte Vierge Marie, et jouissant d'un bonheur sans fin.

Ce bonheur sera ton partage un jour, si tu sais, comme eux, répondre aux desseins de Dieu sur toi. Nous le disons aux fidèles; disons-nous-le à nous-mêmes et pratiquons-le constamment : « *Sancti-* « *ficamini, qui fertis vasa Domini sancti* « *estote, quoniam ego sanctus sum...* « *Nihil coinquinatum intrabit in reg-*

« *num cœlorum... Regnum cœlorum*
« *vim patitur et violenti rapiunt illud...*»

3 Novembre.

Demain, nous célèbrerons la fête de saint Charles Borromée : c'était le patron de ma pauvre mère. J'avais coutume, depuis de longues années, d'écrire à ma mère, pour sa fête, et je me rappelle un certain verre en cristal qu'enfant je lui offris à S..., dans une semblable circonstance.

Bonne et tendre mère ! où êtes-vous en ce moment ? au ciel, j'espère, avec le bon Dieu, avec la sainte Vierge, les Anges, les Saints, en compagnie de mon père, de mes chères sœurs Joséphine, Eugénie, le petit ange mort avant elles ; en compagnie des autres parents et amis, que j'ai perdus, successivement, depuis mon entrée au Séminaire... Laissez-moi donc, ô ma mère, vous souhaiter ce soir votre fête ; et que le bon Dieu, à qui vous avez donné douze enfants, et parmi eux un prêtre, vous comble en retour d'une surabondance de bien, d'un surcroît de bonheur et vous accorde de vous voir un jour, heureuse mère, entourée de votre nombreuse famille, *in perpetuâ æternitate... Amen...*

A demain, ma bonne mère chérie ! J'offrirai, pour vous et pour nous tous, le saint Sacrifice, et Jésus-Christ sera le nœud divin, le divin trait d'union de nos âmes... Amen... Amen...

24 Décembre.
Dimanche.

A 10 h. du soir, on ouvre les portes de Saint-Eustache. L'église est bientôt comble. On évalue à trois mille le nombre de ceux qui n'ont pu entrer. A minuit la messe commence. — Cantiques. — Noël d'Adam. — Communions assez nombreuses.

25 Décembre.
Lundi.

L'église de Saint-Eustache ne m'a jamais paru si remplie de monde qu'aujourd'hui. La grand'messe a été célébrée par un prêtre de l'Ordination de samedi dernier, l'abbé Bouillot, enfant de la paroisse. M. le Curé a parlé sur le mystère du jour.

1877.

Ier Janvier.
Luadi. — Circoncision.

9 h. — Grand'messe, suivie du Salut.
*Christo passo in carne, et vos eadem
cogitatione armamini.*

*Si quis vult post me venire, abneget
semetipsum et tollat crucem suam quotidie et sequatur me.*

J'ai reçu deux lettres, l'une d'Hippolyte qui me souhaite une bonne année et
m'apprend que Paul son beau-père est
gravement malade, l'autre d'Henriette et
d'Alfred...

Ce soir Mme V***, Amédée et Ernestine, Joseph et Clothilde avec leurs enfants Joseph et Noëmie, Paul et Berthe et leurs deux filles Marthe et Marguerite, R*** et Joséphine avec leurs deux enfants Paule et Ernest, enfin le jeune Alexandre R*** ont partagé mon dîner du premier jour de l'an dont M. R*** de S... et G*** de Bas avaient fourni le gibier : lièvre, perdreaux, grives... La réunion a été fort gaie. Ernestine seule a résisté au bon dîner d'Octavie. Elle n'avait pas faim. Son voyage de S... ne lui a donc pas réussi. M. l'abbé Place a eu la bonté de reconduire, à 8 h. 1/4, Alexandre à sa pension chez les RR. PP. Jésuites, rue Lhomond.

2 Janvier.

A une heure, son Eminence, assistée de Mgr le Coadjuteur et des grands Vicaires, reçoit son clergé. M. de Rolleau, Curé de Notre-Dame-de-Lorette, lit son discours. L'Archevêque répond : Il faut triompher du mal par le bien : Que tous les prêtres soient des Saints à la façon des Apôtres et beaucoup d'âmes seront sauvées...

3 Janvier.
Mercredi, 8 h. 1/2.

Messe à la Chapelle Sainte-Geneviève. Commencement de la Neuvaine.

5 Janvier.

Hippolyte m'écrit de S*** que son beau-père, notre cousin, Paul B***, a succombé, le 2, à minuit, muni des Sacrements de l'Eglise, à une attaque de paralysie.

14 Janvier.

Le deuxième dimanche après l'Épiphanie est consacré par la sainte Église à la vénération du nom de Jésus. L'office est très beau. Les Antiennes des premières vêpres sont tirées d'Isaïe et des psaumes et rappellent à notre esprit la grandeur, la sainteté, la douceur du nom de Dieu, du Seigneur adoré par les Juifs. C'est un magnifique prélude à ce que l'office va nous dire du nom de Jésus que le Sauveur a reçu de son Père comme un nom de puissance et de majesté, en récompense de ses humiliations volontaires acceptées pour notre salut...

L'hymne est un chant suave en l'honneur de ce nom sacré de Jésus que Dieu a d'abord fait connaître aux Anges, en révélant le mystère de l'Incarnation. Et, par les Anges, manifesté à la terre en la personne de Marie, de saint Joseph, des Bergers, des Mages, des Apôtres. Saint Bernard a mis, dans cette hymne, tout son cœur. Les leçons du Ier nocturne nous montrent dans le miracle du paralytique guéri par saint Pierre à la porte du temple, quelques jours après la Pentecôte, l'efficacité du nom de Jésus

invoqué chrétiennement... Les leçons
du IIme nocturne sont un délicieux commentaire de saint Bernard sur ce texte
du Cantique des Cantiques : *oleum effu-
sum nomen tuum.* L'huile, dit-il, éclaire,
nourrit, oint les membres, les fortifie, les
assouplit, les défend contre la douleur.
— Ainsi en est-il du nom adorable de
Jésus. Quelle lumière ce nom ne fait-il
pas briller à l'esprit ?... C'est toute
la religion qu'il résume... Quelle
douceur n'apporte-t-il pas au cœur
chrétien, en lui rappelant la mémoire, la
chère mémoire de son Dieu, de son
frère, de son ami, de son Sauveur, de sa
vie intime, de son Tout... Quelle force ce
nom ne donne-t-il pas aux chrétiens
dans les tentations, et dans les combats
de la vie...

Enfin, les leçons du IIIme nocturne sont
encore le commentaire de saint Bernard
sur l'Evangile choisi pour cette fête et
qui est le même que celui de la fête de
la Circoncision : Grand mystère, s'écrie-t-il

que celui de l'imposition du nom de Jésus,
au jour même de la Circoncision!...

22 Février.

Je baptise la petite fille du pauvre
I. V*** dont le frère est mort si tristement
entre mes bras, il y a quelques années
(1872). Isidore s'est marié l'année dernière. Il était protégé autrefois par
M. l'abbé Charles qui l'avait fait recevoir
au petit Séminaire d'Auxerre. Mais ce
pauvre garçon a jeté le froc aux horties
et après avoir été soldat en 1870 et 1871,
s'est établi premier commis du bureau
de placement de sa mère.

Je cours administrer, rue Saint-Sauveur,
une pauvre mère de famille tombée en
apoplexie, et qui reçoit les Sacrements,
en présence de son mari et de sa fille
avec des sentiments admirables.

Le P. Calixte, Supérieur des Trini-
taires de Cerfroy passe sa quatrième nuit
chez moi. Il retournera à Cerfroy demain.

Je reçois une lettre d'Alfred qui m'annonce la mort inopinée de son oncle l'abbé P***. Cette nouvelle qui m'afflige rouvre les blessures faites à mon cœur, par la mort d'Eugénie, de mon père, de ma mère, du père d'Alfred et de tous mes autres parents défunts.

M. l'abbé P*** était un bon et saint prêtre. La veille de sa mort, c'est-à-dire le 19 courant, il se promenait encore en disant son bréviaire, et remplissait, avec sa rigueur habituelle, les divers actes de l'existence vraiment monastique devenue sienne depuis si longtemps. Il soupait le soir comme à l'ordinaire et congédiait ensuite sa bonne pour faire ses lectures et ses prières. Le lendemain matin, à 5 h. 1/2, on l'a trouvé étendu dans son fauteuil, son bréviaire auprès de lui, sa lampe éteinte, la respiration difficile, les yeux fermés, (il ne les a plus ouverts) les membres glacés. Malgré les moyens les plus énergiques, on n'a pu ramener la chaleur, et il s'est éteint, sans avoir repris ses sens, le 20 de ce mois, à 8 heures.

24 Février.
Samedi.

Visite à Mme Relieux, bonne dame de soixante-dix-sept ans, assez malade...

Au sortir de là, j'ondoie à domicile le fils, né, le jour même, de M. Eug. P***.

On attend Mgr Coullié, coadjuteur d'Orléans, pour les cérémonies solennelles de l'Eglise.

8 heures. — Réunion, dans le grand salon du presbytère, de Messieurs de Bon-Secours.

4 Avril.

Je bénis à Versailles dans l'église Saint-Louis, en présence de M. l'archiprêtre et de tout le clergé de la cathédrale, le mariage de Mlle Eugénie C*** (que j'avais baptisée à Saint-Germain-l'Auxerrois en 1859)

avec M. Eugène B***, employé d'assurance et organiste de l'église Saint-
Hilaire à Rouen.

7 Avril..
Samedi.

7 h. 1/2. — Je dis la sainte Messe dans
la chapelle de Mlle Laval, qui a succédé
à Mlle Désir, fondatrice des écoles
professionnelles

19 Avril.
Jeudi.

7 h. 1/2. — Mon neveu Henri a fait sa
première Communion dans l'église Saint-
Paul Saint-Louis. Sa grand'mère, sa
mère et son père, et moi qui l'ai baptisé
à Dijon en 1866, assistions à ce grand acte
de sa vie. M. Léné, curé de Saint-Paul
Saint-Louis, a célébré la sainte Messe
et prononcé, avant la Communion, une
courte et touchante allocution, sur ce

texte: *Magister adest et vocat te.* Quel maître!... qui appelle-t-il?... à quoi appelle-t-il?... Donc avec quel respect, quel empressement, quel amour, etc.....

2h. 3/4. — C'est son Eminence, le Cardinal Archevêque de Paris, qui a donné la Confirmation aux enfants de Saint-Paul-Saint-Louis.

7 heures. — Dîner chez Emile en l'honneur d'Henri... Madame V*** mère, Amédée et Ernestine, Joseph et Clothide, Paul et Berthe et moi, nous étions les invités... J'ai offert à ce cher enfant, en souvenir du plus beau jour de sa vie, l'Imitation d'Halsfeld de Leclerc, reliée en maroquin du Levant par Dewert. La délicace, en lettres d'or, lui a fait un sensible plaisir. Plus tard, je l'espère, il puisera dans ce livre de bonnes pensées, de saintes résolutions... et il priera pour celui qui le lui a donné et qui l'aime tant...

19 Mai.

Notre cher Curé de Saint-Eustache,
M. l'abbé Scheltien, m'écrit de Florence
et me raconte une partie des choses
merveilleuses qu'il a vues depuis son
départ de Paris. La splendide Cathédrale de Milan lui a fait paraître notre
église, quoique déjà belle, bien pauvre...
Il a dit la sainte Messe devant le tombeau de saint Charles-Borromée. De là,
il s'est rendu à la Chartreuse de Pavie.
Puis il a visité Venise, Bologne et Florence. Il compte célébrer à Rome les
belles fêtes de la Pentecôte et nous les
souhaite heureuses à Saint-Eustache.
Que Dieu l'accompagne dans son voyage
et le ramène sain et sauf auprès de nous !

6 Juin.

J'ai reçu une nouvelle lettre du bon
M. Scheltien. Il m'écrit que le 1er Juin,

Mgr l'Evêque de Nancy et Mgr de Constantine lui ont fait l'honneur de l'emmener avec eux, pour aller baiser la main vénérée du Souverain Pontife. Il conservera toujours le souvenir si doux des trop courts moments passés près de Sa Sainteté et me charge de dire à nos chers paroissiens que le Souverain Pontife les a bénits et qu'il a paru heureux de leur amour pour sa personne sacrée. Il nous recommande de bien prier et de célébrer pieusement les belles fêtes du Très Saint Sacrement...

Les exercices de l'Octave vont occuper toutes mes soirées qui, il y a quelques jours, étaient remplies par les douces réunions du mois de Marie. C'est un grand bonheur pour moi de les consacrer toutes à aimer et à faire aimer le Dieu du Tabernacle, notre divin prisonnier d'amour.

20 Juin.
Mercredi.

2 heures.—A Saint-Roch, discussion du cas de conscience sous la présidence de Mgr le coadjuteur, assisté de M. Lagarde et de M. Caron. Modérateur: M. Grandvaux, assisté de M. Millault, curé de Saint-Roch, de M. Gindre, curé de Sainte-Marguerite et de M. Lamazou secrétaire, curé de Notre-Dame d'Auteuil.

Conférencier: M. Duchamel premier vicaire des Ternes. Contradicteur: M. Delacroix, premier vicaire de Saint-Etienne-du-Mont.

La solution a été affirmative pour le premier point, négative pour le second, affirmative pour le troisième. Il est donc permis de recevoir, à titre de récompense, d'une compagnie industrielle une ou plusieurs actions rapportant 10, 15, ou même 20 % d'intérêts. Il n'est pas permis d'exiger un intérêt plus élevé que le taux légal même en prêtant son argent à une compagnie qui est très prospère, sous prétexte que ses opérations sont très lucratives. Il est permis de recevoir un intérêt plus élevé que le taux légal quand on prête à des personnes dont les affaires sont en très mauvais état, en se fondant sur ce que le taux légal est comme une sorte de moyenne qui ne concerne que les affaires communes et qui ne s'applique pas à celles où le *periculum sortis* dépasse les conditions ordinaires. (opinion commune)

M. Caux, curé de Belleville, a fait la conférence spirituelle. Il faut que nous soyons des Saints.

16 Septembre.

Dimanche, à 9 heures du soir, ouverture de la retraite ecclésiastique à Saint-Sulpice, présidée par son Éminence et prêchée par le P. Canteloup, jésuite.

J'ai suivi avec joie, et plaise à Dieu

que ce soit aussi avec fruit! ces saints exercices.

24 Septembre.

Départ pour Châtillon-sur-Seine où je passe 9 jours, avec mon frère Emile et sa famille.

3 Octobre.

Départ de Châtillon pour Frétigney, Vesoul, (où je rends visite au commandant Noirot) Besançon, l'île sur le Doubs, Blamont, site extrêmement pittoresque qui ressemble, dit-on, à Jérusalem, et, où je retrouve mon cher ami, l'abbé Pasteur.

17 Octobre.

M. Pasteur m'emmène par monts et par vaux, à pied et en voiture, sur la terre de Suisse, dans la paroisse de Pierrefontaine dont l'excellent Curé, qui a été persécuté pour la foi, nous offre la plus aimable hospitalité. Son église et son presbytère sont occupés par un intrus. Il est obligé de célébrer ses offices dans une pauvre maison qu'il a louée. Mais, grâce à Dieu, tous les paroissiens de Pierrefontaine sont restés fidèles à leur pasteur légitime.

18 Octobre.

Départ pour Dijon, visite au Grand Séminaire. Retour à Paris. — Rentrée à Saint-Eustache à 9 heures.

9 Novembre.
Vendredi

Beati qui lugent!...
Factus est pro nobis obediens usque ad mortem, mortem autem crucis... didiscit ex iis quæ passus est, obedientiam...
Non ignara mali, miseris succurrere disco.
Bienheureux ceux qui pleurent!...

Il s'est fait obéissant jusqu'à la mort et jusqu'à la mort de la croix...

N'ayant pas ignoré la souffrance, il sait compatir à nos douleurs...

31 Décembre.

Je reçois les vœux et souhaits de bonne année de mon cher neveu, Gustave P***, de ma chère nièce Henriette, sa sœur, les enfants de ma sœur Eugénie, de ma petite nièce, Louise G***, fille de ma sœur Marie, et de cette bonne sœur elle-même. Enfin, du petit Charles, son fils, qui commence à écrire lisiblement. Que Dieu bénisse tous ces pauvres enfants, qu'il bénisse mes bonnes sœurs, et mes frères. Je le lui demande sans cesse; et, plus que jamais, à l'occasion du renouvellement de l'année.

1878

6 Janvier.

Une triste nouvelle m'arrive aujour-
d'hui. Albin me répond à la place de son
frère, le pauvre abbé R***, et m'apprend
que celui-ci ne peut le faire lui-même,
parce qu'il est bien malade. Sa santé
était ébranlée depuis plusieurs années.
Après un an de repos à S..., il avait
redemandé le poste de M... si en rapport
avec ses goûts modestes et sa timidité.
Depuis cette époque jusqu'au mois de
juin dernier, le mal n'avait progressé
que d'une manière assez lente et per-

mettait encore quelque espoir d'amélioration, lorsque en peu de jours, il se produisit chez lui un affaiblissement tellement considérable qu'il dût renoncer à exercer le ministère paroissial. « Ce qu'il y a de plus pénible et de plus triste, ajoute son frère, c'est la lutte qu'il faut soutenir tous les dimanches et certains autres jours pour le dissuader de dire sa messe. Dans le courant d'octobre M. le Curé et moi, cédant une fois à ses instances, on le conduisit, ou plutôt on le porta à la petite chapelle voisine où grâce à l'appui continuel de M. Albert il put dire sa messe. Mais nous jugeâmes qu'il y aurait imprudence à renouveler l'essai. »

9 Mai.
Jeudi.

Veille du départ de mon frère Emile pour l'Algérie... Notre cousin S^te R***, Joseph, Paul et Berthe se réunissent chez moi, après les exercices du mois de

Marie, pour lui faire leurs adieux. S^te R*** qui a habité l'Algérie pendant plusieurs années lui donne d'utiles indications sur les personnes et les choses...

16 MAI.
Jeudi.

Je reviens d'assister à l'installation de M. l'abbé Quignard, premier vicaire du Gros-Caillou, comme curé de Notre-Dame de Plaisance. La petite église en planches était remplie de fidèles, parmi lesquels j'ai reconnu plusieurs paroissiens de Saint-Eustache. Monsieur Caron, Archidiacre de Sainte-Geneviève, présidait la cérémonie. Il a très bien parlé sur le thème habituel des devoirs des curés, chargés de distribuer, aux chrétiens, le bienfait de la parole de Dieu, les consolations du saint Tribunal, les bénédictions de l'autel. Ce qu'il a dit de l'abbé Rossignol qui a dû quitter Plaisance pour la cure de Belleville était touchant. Il a fait l'éloge du nouveau curé en très bons termes. Et, maintenant, que reste-t-il à désirer, sinon que le bon Dieu ratifie tous ces dévouements de parole et donne à notre cher confrère, son nouvel ouvrier dans cette vigne de vingt-deux mille âmes, tout ce qu'il faut pour qu'il soit écouté et obéi...

11 JUILLET.

Je relis les pensées de Bourdaloue sur la charité...

Les pages que Bourdaloue consacre aux amitiés *prétendues* solides et *prétendues* innocentes seront éternellement vraies. Pour être un ami solide et un saint ami, il faut savoir discerner, dans son ami, bien des choses: ses défauts de ses qualités, ses vices de ses vertus, ses justes prétentions de ses désirs injustes. Il faut aimer, en lui, le bien, l'honneur, la justice, la vérité, la religion... et détester tout ce qui en lui, est faux honneur, mensonge, hypocrisie, révolte contre l'autorité. Il faut savoir dire, à l'occasion, à son ami : *Amicus Plato, magis amica veritas...* Je veux être votre ami jusqu'à l'autel, jamais au delà. Et, par autel, j'entends l'innocence des mœurs, autant que le respect de Dieu et de la religion.

10 OCTOBRE.
Jeudi.

Quare tristis es, anima mea, et quare conturbas me ? Sana me, Domine, quoniam conturbata sunt omnia ossa mea. — Dic animæ meæ : Salus tua ego sum. — Ne tradas me, Domine, inimicis meis. — O bone Jesu, miserere mei...

30 OCTOBRE.
Mercredi.

Je reçois, par Hippolyte, l'annonce de la mort de la tante B***, la dernière sœur de mon père. Je l'ai donc vue, ces vacances passées, pour la dernière fois. Comme elle pleurait en me disant adieu... Pauvre femme! Puissions-nons un jour nous retrouver dans le ciel!...

2 Novembre.

Sœur Alphée qui a remplacé la bonne mère Agnès comme supérieure de l'hôpital de S*** m'envoie tous ses remerciements pour l'Ostensoir que je lui ai expédié. Elle m'écrit qu'il a été exposé, à l'occasion des fêtes de l'Adoration perpétuelle, et que la première prière faite à ses pieds a été pour moi : « Puisse le bon Maître nous exaucer, dit-elle, et vous rendre au centuple le bien et la joie que nous a fait éprouver votre don! » Je me réjouis de voir qu'elles ont approuvé mon choix et qu'elles n'ont pas oublié de prier pour moi qui ai tant besoin du secours d'en haut.

10 Novembre.

J'apprends, avec joie, que mon frère Emile et sa famille sont arrivés à Alger, le 21 octobre, après une bonne traversée. Il m'adresse ses vœux à l'occasion de ma fête et me donne des nouvelles satisfaisantes de mon petit Henri qni va chez les Pères Jésuites où il se trouve parfaitement heureux. Berthe m'écrit aussi une affectueuse lettre et se loue de la bonne volonté d'Henri et de la sagesse de son petit frère et de sa sœur.

1879

En me remerciant de ce que j'ai fait pour sa femme pendant son séjour à Paris Alexis m'apprend que cette chère sœur est malade depuis son retour au C*** et obligée de garder le lit. Pauvre sœur! quelle triste santé est la sienne, et quelle patience il lui faut pour se résigner à toujours souffrir ainsi!...

1879

7 Janvier.

Mon ancien condisciple du collège de
S***, Arène, m'adresse de Bordeaux la
lettre suivante :

Mon cher ami,

« Lorsque je me suis présenté chez toi
« pour te faire mes adieux, on ne m'a
« pas permis d'entrer; tu étais au lit. Je
« vois avec plaisir, par ta lettre, que tu
« es mieux, ce qui me rassure. Je suis
« ici depuis quelques jours; et, dans quel-
« ques heures, je quitte le sol natal pour
« retourner prendre, de nouveau , le
« timon de ma barque ; je t'envoie mes
« dernières pensées.

« Je regrette que le temps ne m'ait pas
« permis de te revoir et de te remercier
« du bon souvenir que tu as conservé
« pour ton vieux camarade. Espérons
« que dans peu d'années nous retrouve-

— 388 —

« rons plusieurs occasions pour causer
« de notre jeune temps. Il est si doux de
« se reporter vers cette époque éloignée
« où l'insouciance de la vie était notre
« partage et où les tracas matériels de
« l'existence nous étaient inconnus !
« Adieu, ami, veuille bien être mon
« interprête auprès de tes frères que
« j'aurais si volontiers revus plus lon-
« guement. Heureux d'avoir pu cimen-
« ter notre vieille amitié, je t'embrasse
« de tout cœur. »

CASA ROSSOLLIN ET Cie.
Calle Florida (Buenos-Ayres.)

Arène !... Le collège de S***!... que de
souvenirs, à ces deux noms, s'éveillent
en foule dans mon esprit et dans mon
cœur !... combien de mes anciens camarades sont partis pour ne plus revenir !...

Aujourd'hui, je reçois encore ces tristes
lignes de mon pauvre ami, Ovide : « Je
vous prie, mon bien cher ami, d'agréer
toute l'expression de mes vifs et profonds

sentiments de reconnaissance, des bontés et des secours religieux que vous avez
donnés à ma bien-aimée, que Dieu m'a
ravie !... »

Hélas ! oui, sa pauvre femme est morte,
et le voilà seul sur le chemin de cette
vie. Puisse-t-elle, par ses prières, lui obtenir la grâce de supporter chrétiennement cette cruelle épreuve et de pratiquer
la résignation et la patience qui lui
feront gagner le ciel !

14 JANVIER.
Mardi.

Cinquième anniversaire de la mort de
ma bien aimée mère, au C***, dans la
maison de mon beau frère Alexis B***.
J'ai dit la sainte Messe pour elle, et j'ai prié
aussi de tout mon cœur, pour mon père,
mort le 10 Août 1869, pour ma sœur Eugénie, morte le 19 Septembre 1868, pour tous
mes parents en général ; et, en particulier,
pour la pauvre tante B***, morte en

Décembre dernier. Que reste-t-il encore de mes oncles, de mes tantes, soit à S***, soit à T*** ?... personne !... Je n'ai plus, après mes frères et sœurs et mes 17 neveux ou nièces, que des collatéraux plus ou moins éloignés. Ainsi va le fleuve de la vie : il court sans cesse, emportant, à toute heure, un de nos parents, un de nos amis ou de nos semblables, aux rives éternelles. Quand mourrai-je ? peut-être cette année ?... Que je meure en état de grâce, après une sainte vie, voilà l'important. Il n'est pas nécessaire que je reste de longues années encore sur la terre. Mais il est indispensable que je passe, ici-bas, en faisant le bien. O ma tendre mère, il me semble vous voir encore sur votre lit de mort! Avec quelle ferveur vous reçutes les derniers sacrements des mains de l'abbé Grenier! Si vous êtes au ciel, comme je l'espère, priez pour vos pauvres enfants, pour qu'ils deviennent tous des Saints dans leurs vocations différentes. Et vous, ô

Jésus, que nous honorons, en ce moment, comme notre Rédempteur, notre
modèle et notre guide, si ma mère était
encore en purgatoire, donnez-lui, je
vous en conjure, au nom de votre crèche, au nom de votre sainte Mère, au
nom de votre croix, le repos et la béati-
tude éternelle !...

Amen, Amen, Amen.

24 Janvier.

Soir. — Demain, nous célébrerons la
fête de la Conversion de saint Paul. J'en
ai dit l'office avec amour. Qui ne serait
heureux de bénir la Providence d'avoir
terrassé d'une manière si admirable le
plus grand ennemi du christianisme
naissant, et d'avoir fait d'un persécuteur
un vase d'élection !... O grand saint Paul,
ô grand apôtre et grand ami de Jésus-
Christ crucifié! obtenez-moi, par votre
intercession, de me convertir sans retour
et de renoncer à tout ce qui m'empêche

d'être un véritable prêtre. Pour cela, faites, je vous prie, que je sois votre imitateur comme vous l'avez été de Jésus-Christ. Amen.

2 Février.
Fête de la Purification.

Je chante la grand'messe… M. le Curé remercie les paroissiens du concours qu'ils ont prêté à l'œuvre de la Sainte-Enfance en envoyant leurs enfants, jeudi dernier, à la belle cérémonie qui a eu lieu à St-Eustache. Les enfants apprennent, dans ces réunions. 1° à adorer Dieu. 2° à aimer leurs frères, par conséquent, à devenir meilleurs. Combien aveugles et criminels sont ceux qui veulent séparer l'école de l'église, l'instruction de la religion !…

1er Mars.

Alfred me consulte au sujet d'une proposition de mariage qui lui a été faite pour sa fille. Il paraît qu'un jeune homme du nom de Gustave P*** (mais nullement parent des P*** de L***) désirerait vivement avoir pour compagne ma chère nièce Henriette. Les renseignements pris sont excellents. Je serais heureux de voir cette pauvre enfant bien établie. Son mari porte le même prénom et nom que son frère, chose assez curieuse. Que ma bonne sœur Eugénie qui veille sur ses enfants, inspire, du haut du ciel, ce qu'il faut faire pour leur plus grand bien !

4 Mars.

Tristis est anima usque ad mortem... Notre-Seigneur était triste jusqu'à la mort parce qu'il prévoyait l'inutilité de ses souffrances et de sa mort pour un grand nombre d'âmes rebelles à toutes les voix de la raison et de la foi. Le cœur du prêtre éprouve quelque chose de cette douloureuse tristesse du Sau-

veur, quand, appelé au lit de mort d'un
chrétien, il lui est impossible de rien
tirer de cette âme aveuglée par l'orgueil
et les passions.

6 Mars.

J'ai la douleur d'apprendre que mon
cher abbé R*** vient de succomber à
une nouvelle attaque. Il ne s'est pas
éteint sans avoir pu, encore une fois,
reporter sa pensée vers le ciel. Puisse le
Seigneur, qu'il a servi avec le plus sincère amour, le recevoir, sans délai, dans
son sein ! Je lui étais bien attaché et je
me souviendrai toujours de tout ce qu'il
a fait pour me déterminer à quitter le
monde et à me donner uniquement à
Dieu dans le moment où les passions
m'auraient, peut-être, entraîné dans
l'abîme, si je n'avais été à l'abri des
murs du Séminaire... Cher ami, que le
bon Maître te rende tout ce que je te
dois ! Je ne cesserai pas de le lui deman-

der au saint autel et dans mes pauvres prières.

1ᵉʳ AVRIL.

25ᵐᵉ anniversaire de mon Ordination au Sacerdoce. C'était à Rome, dans la chapelle à gauche, au fond de la Basilique de Saint-Jean-de-Latran... Depuis ce jour que d'évènements se sont accomplis... que de vides parmi ceux qui m'assistaient alors ! Tout passe... Attache-toi donc, ô mon âme, à Dieu, qui ne passe pas. *Mihi adhærere Deo bonum est...* Oh! comme je comprends, de plus en plus, la vérité de cette parole. « *Deus meus et omnia !* »

11 AVRIL.

Je constate avec plaisir que ma chère nièce Henriette a reçu mon petit cadeau de noces avec beaucoup de satisfaction, mais elle regrette vivement que je ne puisse pas aller à L*** pour la célébration de son mariage. Il lui semble, m'écrit-elle, quelle ne sera pas si bien mariée, puisque ce n'est pas moi qui lui aurai donné la bénédiction nuptiale. Enfin, il lui tarde de me recevoir chez elle à Ch*** et de me faire les honneurs de sa maison.

Moi aussi, je regrette vivement d'être retenu ici. Mais le devoir ne me permet pas de m'absenter en ce moment où le ministère paroissial m'impose tant d'obligations.

15 Mai.
Jeudi.

Temps couvert et pluvieux, meilleur après dix heures. Allocution par M. le Curé à 2 heures 1/2. Renouvellement des vœux du baptême... Confirmation par Monseigneur de Forges...

Ce soir, je vais diner chez mon frère Paul dont la fille, ma chère Marthe, a fait aujourd'hui, elle aussi, sa première Communion à Saint-Merry. J'ai retrouvé, autour de cette chère enfant rayonnante d'une douce joie, sa grand-mère, M. et Mme Constant S***, M. et Mme B*** et leurs deux filles, Marie, Joseph et Clotilde, enfin la bonne maîtresse de pension de Marthe.

LOUONS DIEU !

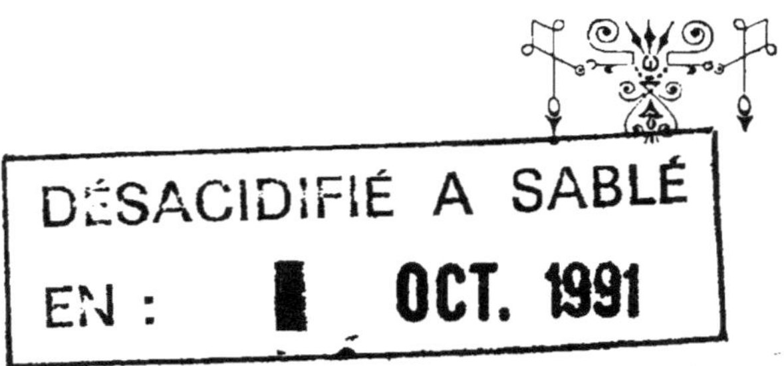